menyw
a duw
yn dial

menyw a duw yn dial

Dyn Eira

Y Twrch Trwyth

Dwy ddrama

gan

T. James Jones

MENYW A DUW YN DIAL

Argraffiad cyntaf: Mehefin 2004

Cynllun clawr: Sian Parri

Rhif Llyfr Safonol Rhyngwladol:
0-86381-909-5

Cyhoeddwyd gyda chymorth Cyngor Llyfrau Cymru.

Os am ganiatâd i berfformio'r ddrama hon, cysyllter a'r awdur:
T. James Jones, 3 Plasturton Avenue, Pontcanna, Caerdydd.

Argraffwyd a chyhoeddwyd gan Wasg Carreg Gwalch,
12 Iard yr Orsaf, Llanrwst, Dyffryn Conwy, LL26 OEH.
☏ *01492 642031*
🖷 *01492 641502*
llyfrau@carreg-gwalch.co.uk
Lle ar y we: www.carreg-gwalch.co.uk

Cydnabod

Carwn gydnabod cefnogaeth a golygyddiaeth fy nghymar Manon. Diolchaf, hefyd, i Euros Lewis a Dwynwen Raggett am ddarparu'r cyfle i lwyfannu'r dramâu yn Theatr Felin-fach, ac i aelodau'r cast a'r criw am awgrymiadau gwerthfawr ynglŷn â'r ddwy ddrama. Rwy'n gwerthfawrogi'r hawl i gynnwys adolygiad Dylan Iorwerth o 'Dyn Eira' a ymddangosodd yn y *Western Mail*, ynghyd â chyflwyniad Euros Lewis i'r 'Twrch Trwyth'. Diolch, yn ogystal, i Wasg Carreg Gwalch am bob gofal.

T. James Jones, Gwanwyn 2004

Dyn Eira

Dychmygol yw cymeriadau'r ddrama.

Chwaraewyd gyntaf yn Theatr Felin-fach ar Ebrill 5, 2001.

Eira	Olwen Medi
Dan	Ioan Hefin
Cyfarwyddwr	T. James Jones
Cynorthwy-ydd y Cyfarwyddo	Ann Rhys Davies
Cynllunydd	Meri Wells
Rheolwr Llwyfan	Dylan Williams
Goleuwr	Llyr Wyn Jones
Rheolwr Llwyfan Cynorthwyol	Rhodri ap Hywel
Meistres y Gwisgoedd	Gwenfudd James
Cydlynydd	Jennifer Thomas
Rheolwraig Gweinyddol	Melinda Williams
Cynorthwy-ydd Gweinyddol	Joyce Jenkins
Cyhoeddusrwydd	Dafydd Aeron

Cymeriadau

Eira:	Athronydd, 48 oed
Daniel:	Diwinydd, 50 oed

Lleoliad

Lolfa a chegin. Y gegin yng nghefn y llwyfan, wedi ei chuddio i raddau helaeth gan fur â hatsh iddo. Ffenest y lolfa yn y mur gyferbyn. Grisiau yn codi o'r lolfa yn arwain i'r llofft, a llwybr rhwng y grisiau a'r gegin yn arwain at ddrws y tŷ, o'r golwg yng nghefn y llwyfan. Carthen Gymreig yn addurno carped y lolfa. Dodrefn eistedd, cypyrddau llyfrau a drarau, drych hir, bwrdd coffi, ffôn a chwaraewr recordiau.

Amser

Diwedd yr ugeinfed ganrif.

Pam fod Eira yn dda

Peth gweddol anaml ydi drama Gymraeg. Hynny ydi, drama go iawn, efo cymeriadau a siarad, mewn sefyllfa sydd rhywbeth yn debyg i fywyd go iawn.

Peth mwy anaml fyth ydi drama Gymraeg sy'n gwneud ichi ddiolch yn fawr am y pleser o gael gadael y tân ar yr aelwyd a phasio tafarn a chaffi neu ddau er mwyn cyrraedd theatr.

Cael llond bol ar y diffyg cefnogaeth i'r ddrama Gymraeg a wnaeth i Theatr Felin-fach fynd ati i gael arian loteri i roi llwyfan i dair drama sydd heb eu gweld o'r blaen. Ac roedd y gynta' yn ddrama go iawn.

Yn aml, mi fyddwch chi'n gadael theatr efo'r teimlad, 'o dyna ni te', a'r ffaith fod dwyawr wedi pasio yn gymharol ddi-boen. Digon deche, efallai, ond ddim yn ddigon i wneud ichi droi cefn y tro nesa' ar y bocs bach yn y gornel.

Os oes yna rai da, maen nhw'n mynd a diflannu fel seren wib, heb ddod yn agos atoch chi neu, os byddan nhw yn y cyffiniau, ar noson anghyfleus. A byd y theatr Gymraeg yn ddim ond poster i'w weld o bell.

'Dyn Eira' oedd yr enw ar y posteri ar gyfer drama T. James Jones ond roedd hi wedi ennill yn yr Eisteddfod Genedlaethol dan enw arall, 'Raspwtin', ar ôl y dyn a wnaeth gwlt o fercheta.

Peth digon cyffredin ydi drama lle mae un actor yn cymryd rhan sawl cymeriad ac mae'r rhan fwya' o ddramodwyr Cymraeg wedi dod i'r arfer o sgrifennu ar gyfer nifer bach o gymeriadau, er mwyn arbed arian.

Dim ond dau gymeriad oedd eu hangen yn 'Dyn Eira' a doedd dim angen digwyddiadau mawr na cherddoriaeth na goleuadau ffansi na dim. Sefyllfa gofiadwy, a geiriau ac actio i dynnu'r ddrama ohoni.

Fel rhai o'r ffilmiau arswyd gorau, roedd y cynhyrchiad yma'n defnyddio awgrymiadau, goslef llais a chyflymder y symud a'r siarad er mwyn tynnu ar y tensiwn. Tynnu a gollwng, tynhau a llacio, ond y cyfan yn raddol yn troi'r sgriws yn eich dychymyg.

Drama am weinidog oedd hi, un llawn amheuon am ei gred a'i ddiffyg balans ar y llwybr cul. O fewn dwy act, tros gyfnod o bythefnos, roedd yr amheuon a'r rhagrith yn dod i'w wynebu ar ffurf hen gariad a hanes oedd heb ei ddweud.

Roedd yna lot o chwarae ar eiriau, lot o ddadlau ffraeth a rhyw ychydig o athronyddu ond, hyd yn oed heb ddeall pob un o'r syniadau, roedd hi'n bosib deall y ddrama. A phob tro yr oedd y geiriau'n bygwth gorlifo, roedd rheffyn o hiwmor neu actio deheuig yn eich tynnu chi'n ôl i'r lan.

Roedd yna ddau berfformiad da – un actor llai adnabyddus, Ioan Hefin, yn rhan y gweinidog, ychydig yn stiff ei ffordd er mwyn amddiffyn ei wendid, ac Olwen Medi yn orchestol yn rhan y ddynes ddoe.

Hyd yn oed wrth ymddangos yn hwyliog, roedd hi'n gallu rhoi'r argraff o beryg. Pan oedd hi ar ei mwya' diniwed, roedd hi ar ei mwya' milain, ond roedd pob cyllell yn ei brifo hithau hefyd.

Hi fydd yn aros yn y cof . . . ei ffordd o symud a'i siarad yn un â'r teimlad ei bod hi'n fregus ac yn galed yr un pryd. Roedd ei hansicrwydd hi yn eich siglo chithau ac, fel y gweinidog, roeddech chi'n cael eich tynnu i'w chrafangau.

Mi allai'r diwedd fod wedi bod yn naff. Unrhyw ddiffyg yn yr amseru, neu'r arddull, ac mi fyddai wedi troi'n chwerthinllyd. Fel yr oedd hi, mi gafodd y gynulleidfa ei gadael efo'r ennyd hir yna o ddistawrwydd sy'n brawf o fwynhad dwfn.

Mi fydd yna lawer o drafod am 'brofiadau theatrig' a gwawdio ar ddramâu sy'n dibynnu ar eiriau yn hytrach na gadael i gorff a 'delwedd' wneud y cyfleu. Ond pan fydd y geiriau eu hunain yn ddarlun o gyflwr meddwl, go brin fod hynny'n wir.

Profiad theatrig go iawn ydi un sy'n creu dramâu bychain newydd y tu mewn i'ch meddwl chi . . . rhai sy'n dal i gael eu hactio ymhell ar ôl i chi adael y theatr.

Fel petaech chi'n dal i weld dynion eira yn dawnsio yn yr haul.

Dylan Iorwerth

ACT 1

Bore Sul cyntaf yn Rhagfyr

(Sain: Cynulleidfa yn canu 'Pererin wyf mewn anial dir . . .' – i'w ddiffodd yn raddol pan glywir cloch y drws am y tro cyntaf)

(Eira, wedi'i gwisgo mewn dillad Sul, yn matryd ei chot ac yn ei gosod ar gefn y settee, yn troi at y drych hir i gymhennu'i gwallt a rhoi lipstic . . . Sŵn car yn cyrraedd, y peiriant yn diffodd a drws yn agor ac yn cau . . . Sŵn traed . . . Cloch drws y tŷ yn canu . . . Saib hir . . . Eira yn ddiymateb . . . Y gloch eilwaith . . . Saib . . . Eira yn ddiymateb . . . Y gloch eto . . . Exit Eira. Sŵn drws yn agor . . .)

Eira: Croeso, Mr Price.

Dan: Diolch.

(Enter Dan . . . Sŵn drws yn cau)

Dan: Ges i ofon am eiliad.

(Enter Eira)

Eira: Pam?

Dan: Bo' ti wedi diflannu.

Eira: I lle?

Dan: Chlywest ti mo'r gloch?

Eira: O! Picio i'r llofft ddaru mi. Ma'n flin gin i dy gadw di i rynnu. Lle ma' dy gôt fawr di?

Dan: Yn y car.

Eira: Chest ti'm traffarth dŵad o hyd i'r tŷ, 'lly?

Dan: Naddo. O'dd dy gyfarwyddiade di'n glir iawn, whare teg. Ma'r Fron Dawel yn rhwydd i' ffindo.

Eira: Ydi. Hawdd iawn, 'ntydi?

Dan: Y tŷ dwetha ar y whith wrth gyrra'dd Y Gaer Ddu.

Eira: Ie.

Dan: A'r gorllewin gwyllt.

Eira: Ie! 'Mond 'nialwch sy' wedyn. Dwi ar gyrion gwareiddiad yn fa'ma. Coffi?

Dan: Diolch.

(Exit Eira i'r gegin. Dan yn rhoi anadlwr at ei drwyn)

Dan: Ti ddewisodd yr enw? Y Fron Dawel?

Eira: Naci . . . Gwyn a siwgwr?

Dan: Dim siwgur.

Eira: O! Ers pryd?

Dan: Ers blynydde. Beth yw hanes y Gaer Ddu 'na 'te?

Eira: Mi fuo enw arall arni gin y Cristnogion cynnar. Golgotha. Lle'r Benglog. Wyt ti'n gweld 'i siâp hi?

Dan: Odw.

Eira: Ond y Gaer Ddu oedd yr hen enw gin y Derwyddon.

Dan: Cyn i'r Genhadeth Dramor gyrra'dd, ife?

Eira: Yn union!

Dan: A phryd gath yr hen enw 'i adfer?

(Enter Eira â phlat bisgedi)

Eira: Dwi'm yn siŵr. Ond dyna 'di'r enw ar y mapia swyddogol erbyn hyn. Ma' 'na ogo 'no hefyd. Ond weli di mo'ni o fan'na. Mae'i cheg hi'n wynebu'r bryn yn y cefn. Lladron a smyglwyr oedd yn 'i defnyddio hi 'stalwm mae'n debyg.

Dan: Tr'eni na fydden i wedi clywed amdani cyn pregethu bore 'ma . . . Golgotha . . . Ogof lladron . . .

Eira: Wel ia! Piti na fasat ti wedi galw heibio cyn hyn.

(Exit Eira, i ddod, maes o law, â'r coffi ar hambwrdd at silff yr hatsh)

Dan: Ma' rhoi rhyw gyfeiriad lleol yn help i gadw'r saint ar ddi-hun.

Eira: Bechod na fasat ti wedi dŵad yma ar un o dy bererindoda. Saffach o lawar na rhwla fel Israel.

Dan: Ti'n meddwl.

Eira: Mi oedd hi'n llanast ym Methlehem, 'lly.

Dan: O'dd. Un siom ar ôl y llall. Fel wedes i, goffod dibynnu ar filwyr lan fry ar y to i roi llwybr saff i ni o'r bŷs at yr eglwys. 'Na ti siom ar diawl o'dd honno. Milwyr arfog yn angylion gwarcheidiol! A wedyn, preseb Crist yn diferu o aur!

Eira: Oeddat ti'n deud.

Dan: O'dd 'y ngreddf i'n ysu am ga'l gweld ogof a phreseb a gwair. Ond 'na ble o'n i'n goffod rhythu ar allor a rhwysg offeiried. 'Na ti droi'r lle yn ogof lladron! A ches i'm amser bore 'ma i sôn am lwyth o siomedigaethe erill. Ar ôl dod o'r eglwys fe gelon ni'n heido i siop swfenïyrs Cristnogol. A chyn dechre prynu, fe gelon ni bobo wydred o win am ddim, yn gwmws fel 'sen ni'n ca'l gwahoddiad i wasaneth cymun. A sawl gwydred arall, nes bod ambell un ohonon ni'n itha shirobyn. O'n ni'n canmol y croeso

Cristnogol i'r cwmwle! Ond 'yn twyllo ni o'n nhw, a'n ca'l ni i wacáu'n pocedi. O'n i'n hollol dwp, achos o'n ni ddim yn gwbod y gwanieth rhwng doleri a shekels. Ogof lladron o'dd siop y Cristnogion. Do'dd y cymun ddim yn gymun wedi'r cwbwl.

(Enter Eira)

Eira: Wyt ti'n credu straeon y Dolig?

Dan: Beth? Yr aur a'r thys a'r myrr a pethe?

Eira: A'r Geni Gwyrthiol, siŵr iawn.

Dan: Damcanieth ddiwinyddol o'dd honno.

Eira: A be' am yr Atgyfodiad? Heb sôn am Y Drindod. A nefoedd ac uffern.

Dan: O'n i'n meddwl taw dod 'ma i gino o'n i!

Eira: Oeddat ti wir! 'Dan ni'm yn bwriadu treulio'r Sul yn gneud dim ond sglaffio, 'dan ni? Nid ar fara yn unig a ballu . . .

Dan: Iawn!

Eira: Ti'm wedi ateb 'y nghwestiwn i.

Dan: Cwestiyne ti'n feddwl.

Eira: Un cwestiwn sylfaenol ydi o debyg. Sut fyddi di'n dehongli dy feibl?

Dan: Ti'n holi'n galed nawr. Cyn'rwg â'r tabloids yn erlid yr hen Esgob Durham, myn yffach i! Ond 'na fe, sa i'n gwbod beth yw'r ffwdan, achos o'dd y coleg diwinyddol es i iddo fe, yn rhoi safbwynt yr esgob ddeng mlyne' ar hugen nôl, a mwy.

Eira: Ddaru ti'm deud hynny bora 'ma.

Dan: Elli di'm gweud y cwbwl mewn hanner awr.

Eira: Na fedri debyg. Pam ddaru ti fynd i Israel?

Dan: Fe wedes i 'nny, glei . . . 'Na pryd gwmpest ti i gysgu, ife?

Eira: Tydw i'm yn un o'r saint. Ond be' ddeudist ti oedd bo' gen ti'r ysfa i bererindota.

Dan: O't ti ar ddi-hun 'te.

Eira: Ond sut fedret ti ymweld â chenedl mor ormesol? Mi est ti yno ar ganol Yr Intafada.

Dan: Ti'n codi 'nghalon i.

Eira: Pam?

Dan: Ma'r bregeth wedi dy gynhyrfu di mae'n amlwg. Ti'n rheffynnu cwestiyne fel Rhodd Mam.

Eira: Ie, ond dyna wendid y drefn, 'nte? Yn y gwasanaeth y dylwn i fod wedi cael cyfla i' gofyn nhw. Be' 'di pwynt eistedd i wrando ar rywun yn traethu o'i bulpud heb i neb godi cwestiwn? Gwyn ddeudist ti, 'nte?

Dan: Fyddi di'n rhoi cyfle i'r myfyrwyr dy heclo dithe?

Eira: Ma' pob croeso iddyn nhw 'neud. Ond gan amla', ma'n nhw fel defaid mud. Dwn i'm sut ma' llawar ohonyn nhw wedi cyrraedd prifysgol. Ers pryd wyt ti 'di peidio cymryd siwgwr?

Dan: Ers i fi ddechre magu bola.

Eira: Mi o'n i 'di sylwi.

Dan: Ond wy'n dala i aller ca'l 'y nillad off-ddy-peg yn Marks.

Eira: Mi sylwish ar hynny hefyd.

Dan: Ma' hi'n newy' sbon. Tro cynta' i fi'i gwishgo hi.

Eira: Mae heddiw'n sbesial, 'lly.

Dan: Wy ar brawf, on'd odw i?

Eira: Ma' gen ti ffansi 'ta . . . Oes siwr iawn, neu fasat ti'm wedi dŵad, fasat ti?

Dan: Na. Twyll fydde hynny.

Eira: Ac mi fyddi'n weinidog Calfaria cyn pen dim.

Dan: Shwt alli di weud 'nny?

Eira: Calfaria'n gwrthod un o hoelion wyth Annibynia? Y cwestiwn ydi, nid a fyddi di'n haeddu Calfaria ond a fydd Calfaria'n dy haeddu di! Be' wyt ti i gyd, dŵad? Pen Bandit Annibynia, aelod o'r Orsedd. Ac ar dy ffordd i fod yn Archdderwydd, decini.

Dan: Gad hi nawr!

Eira: Heb sôn am dy waith elusengar. Wyt ti'n dal i gasglu'r dillad 'na ar gyfer y di-gartra? Mi glywish i Hywel Gwynfryn yn dy holi di.

Dan: Weles i'm parsel o'r Fron Dawel.

Eira: Mi gei di gruglwyth i fynd efo ti heno. Mi ges i wyth carthan ar ôl Mam. Dwn i'm be' fasa hi'n deud tasa hi'n gweld un ohonyn nhw dan draed . . . Wel? Wyt ti'n mynd i eistadd? Neu, ella fasa'n well gen ti dynnu'r siacad 'na gynta. Mi fasa'n bechod iddi fagu crycha. Ty'd â hi i mi.

(Dan yn matryd ei siaced ac yn ei hestyn iddi. Hithau'n codi ei chot ei hun.)

Eira: Fydda i'm chwinciad.

(Exit Eira i'r llofft. Dan yn cymryd cipolwg ar y stafell cyn chwilio'n afraid am grib ym mhocedi'i drowser. Yna'n mynd at y drych ac yn cymhennu'i wallt â'i ddwylo ac yn

ei deimlo'n denau mewn mannau. Yna'n teimlo'i fola, ac yn ei ddal yn dynn am ysbaid. Wrth glywed Eira yn dychwelyd, Dan yn hastu i eistedd ac yn sipian ei goffi.)

Eira: Cig eidion sgin i. A phwdin Efrog a thatws rhôst.

Dan: Paid â mynd i ffwdan nawr.

Eira: Be' haru ti? 'Ma'r tro cynta' i mi gael pregethwr i ginio.

Dan: O! O'n i'n meddwl falle bo' ti'n cadw'r mis yn rheoledd.

Eira: Fi? O! Na. Fel deudish i, dydw i'm yn un o'r saint. Fydda i ddim yn mynd i'r capal yn aml. Y Pasg fum i ddwetha.

Dan: Pam est ti pry'nny?

Eira: Dwn i'm, Duw.

Dan: Fuest ti Nadolig, siŵr o fod.

Eira: Naddo. Doeddwn i'm isio gweld neb.

Dan: O't ti ar dy ben dy hunan?

Eira: Oeddwn . . . Dolig Blodeuwedd.

(Saib)

Dan: A fe fyddi di ar dy ben dy hunan 'leni 'to?

Eira: Bydda. Ond mi fydda i'n mynd ar wylia sgio dros Y Calan.

Dan: O! Wyt tithe'n un o'r rheini, wyt ti?

Eira: Yndw. Wrth 'y modd.

Dan: Beth od na fyddet ti wedi cwrdd â Meinir yn rhywle ar dy drafels. Sgiwreg o fri. Menyw fowr ar y piste medden nhw.

Eira: O!

Dan: Ody!

Eira: Lle fydd hi'n mynd?

Dan: Sdim dal. Swisdir, Ffrainc . . . yr Eidal. Sa i'n dyall beth yw'r atyniad, yn enwedig pan ddaw hi nôl wedi ca'l dolur. Tro dwetha, fe ddath hi gatre wedi tynnu croth 'i cho's. Fuodd hi'n hercan am fis, fel hen fenyw fach dros 'i phedwar ugen.

Eira: Bechod. Ydi hi'n iawn rŵan?

Dan: Ody. A fe eith hi 'to.

Eira: Efo pwy?

Dan: Sa i'n gwbod. Sa i'n holi. Pawb â'i gleme, ontefe?

(Saib)

Eira: Lle oeddwn i? O! Ia. Sôn am Dolig.

Dan: Chest ti'm cwmni neb.

Eira: Naddo. Nid o raid ond o ddewis.

(Saib)

A chditha?

Dan: Fe ddath Lloyd gatre.

Eira: Be' ydi'i hanas o rŵan?

Dan: B.B.C.

Eira: Cyfryngi. Dilyn traddodiad meibion Y Mans. Ydi o'n briod?

Dan: Wedi priodi a gwahanu mewn blwyddyn. Dowlodd 'i wraig e fe mas.

Eira: Fo oedd ar fai, 'lly.

Dan: O'dd 'i lyged e wedi dechre crwydro.

(Saib)

Ond gwed 'tha i. Shwt 'nest ti berswado'r Sanhedrin i 'ngha'l i fan hyn heddi?

Eira: Gweld yn y papur dy fod ti 'Nghalfaria, a deud wrth yr Ysgrifennydd 'mod i isio cael y pregethwr i ginio.

(Saib)

Hen gydnabod, ddeudish i.

Dan: Fe ges i dipyn o syndod dy weld ti, a mwy wedyn pan ddest ti ata i ar y diwedd.

Eira: Ydi'r Parchedig yn hapus efo'r trefniant?

Dan: Wrth gwrs 'nny.

(Saib)

Eira: Siŵr?

Dan: Ody.

(Gwên Eira yn anesmwytho Dan am eiliad, ac yntau'n penderfynu rhyddhau'r tyndra . . .)

Dan: Pan fydda i'n mynd bant i bregethu, wy ar drugaredd yr eglwysi. Sdim dal pwy sy'n cadw'r mis. Wy 'di ca'l y profiade rhyfedda, cofia! Digon i godi gwallt dy ben di!

Eira: Dwi'n siŵr.

Dan: Wy'n cofio 'y ngha'l 'yn hunan yn . . .

(Exit Eira i'r gegin)

Dan: Popeth yn iawn?

Eira: Yndi. Dos di yn dy flaen. Dwi'n gwrando.

Dan: Gweud o'n i am y capel bach 'ma ym Maesyfed. At Jenni o'n i fod mynd i de. Hi o'dd yn gofalu am y capel bach. Menyw ganol o'd, yn byw ar 'i phen 'i hunan. Fe ges i'n rhoi yn y parlwr, a hwnnw wedi'i ddodrefnu fel festri. 'Mhen rhyw gwarter awr, 'ma hi'n dod â bara menyn a jam mwyar duon i fi, ar soser Willow Pattern. 'Ma' hwn yn jam sbesial 'leni', mynte hi. 'Bytwch 'ych gwala nawrte', mynte hi wedyn, a 'ngadel i fan'ny ar 'y mhen 'yn hunan yn treial symud y jam o'r soser i'r plat bara menyn.

(Eira yn syllu arno drwy'r hatsh, yn rhyw hanner gwrando, ond nid ei stori ef yw'r unig beth sydd ar ei meddwl . . .)

Dan: Ond o'dd cymint o siwgur yn y jam, nes bod y soser yn codi 'da'r gylleth. Fe dreies bob ffordd i godi rhywfaint. Iwso'r llwy de yn erbyn y gylleth, a'r gylleth yn erbyn y llwy. Ond o'dd e'n dala hold-bi-dag wrth y soser. Fe dreies wedyn fynd â'r bara menyn at y jam, ond yn ddisymwth, o'dd 'y nwylo i'n sownd yn y trecl! Mwya i gyd o'n i'n wmla' i ddod mas o'r gors, dwfna o'n i'n mynd iddi! O'n i'n 'y ngweld 'yn hunan yn mynd nôl i'r pwlpud nosweth 'nny, â'r Willow Pattern 'da fi! O dipyn i beth, fe ges 'y nwylo'n rhydd, ond erbyn 'nny o'n nhw'n jam i gyd. Panic. Allen i'm cyrra'dd 'y macyn poced heb 'neud pwdin o nhrowser gore. Drychyd rownd. Dim llïen ford. Dim carpet. Dim cwshin. Llygadu cyrtens y ffenest am eiliad. 'Na', mynte fi, 'paid ca'l dy demto. Rhaid i ti whilo am dowel neu glwtyn o rwle.' A 'ma agor drâr rhyw gelficyn a gaf'el yn y peth cynta welen i. Llïen bach gwyn, wedi'i blygu, dim lot mwy na macyn go fowr, ond yn startsh byw. A o'dd hynny'n help i godi'r rhan fwya o'r jam. Pan ddath Jenni miwn i ofyn os o'n i'n moyn rhagor o rwbeth, o'n i nôl wrth y ford, yn esgus bo' fi wedi joio'r jam! 'Diolch yn fawr,' mynte hi. Ond heb yn wbod i fi, hi o'dd â gofal gosod ford y cymundeb ar gyfer yr oedfa hwyrol.

(Enter Eira)

Dan: A wrth gwrs, o'dd rhaid iddi fynd i'r drâr a ffindo'r llïen o'dd i fod yn orchudd i'r bara, yn jam i gyd. Beth allen i 'neud? Cwmpo ar 'y mai? Fe edrychodd hi arna i am eiliad hir, ond o'dd rhwbeth yn 'y nala i nôl rhag cyfadde. A 'nes i ddim.

Eira: Be' 'nest ti, 'lly?

Dan: Acto'n ddiniwed. Wel, sen i yn cyfadde, fe fydde rhaid wedyn achwyn am ansawdd 'i jam hi. 'I ddishmoli fe, a hithe, druan, wedi gweud bo' fe'n sbesial. Jawch ariôd! Honna o'dd yr oedfa gymun galeta 'to, alla i fentro gweud 'thot ti! O'dd Jenni wedi ffindo llïen arall, dim hanner cystel â'r gwreiddiol, a o'n i'n ffaelu edrych iddi llyged hi pan o'n i'n treial sôn am bwysigrwydd bod yn onest wrth ford y cymun. Ond 'na fe, treial arbed 'i theimlade hi o'n i.

Eira: Felly, ma' 'na rinwedd weithia mewn deud celwydd.

Dan: Celwydd gole, ontefe?

Eira: Ond ma' Jenni'n dal i gredu bod 'i jam hi'n sbesial.

Dan: Pam lai?

Eira: Ma' hunan-dwyll yn iawn hefyd, 'lly.

Dan: Jawl! Ma' bywyd yn gymhleth!

(Saib)

Pryd welon ni'n gily' ddwetha?

Eira: Gweld 'yn gilydd?

Dan: Gweld o bell 'te.

Eira: Gweld â gwg.

(Saib)

Dan: Gwg o bell.

Eira: Steddfod, decini. Ma' gin i gof dy weld ti'n sglaffio ysgytlaeth.

Dan: 'Mond yn y Genedlaethol fydda' i'n cwmryd ysgytlaeth.

Eira: 'Milk shake' fydd hi weddill y flwyddyn.

Dan: Nage! Fydda i'm yn twtsh â'r stwff fel arfer.

Eira: Banana oedd hi, decini.

Dan: Ife! ?

Eira: Oeddat ti'm yn cofio hynny? Hwnnw oedd dy hoff flas di, 'stalwm.

Dan: Ie. 'Mond banana o'n i'n gwmryd.

Eira: Ia! Mi gofies i am hynny bnawn ddoe a deud y gwir . . . yn Boots.

Dan: Beth?

Eira: Hitia befo. Ti'n sylweddoli fod 'na chwarter canrif cyn i ni ddechra gwgu o bell ar 'yn gilydd?

Dan: Odw. Pump ar hugen o'n i pry'nny.

Eira: Mi wyt ti wedi cael yr un mawr, 'lly!

Dan: Do . . . Ddo', fel mae'n digwydd. O't ti'm yn cofio?

Eira: Wel! Yr hen Daniel bach yn hanner cant!

Dan: Dim gormod o bwyslais ar yr 'hen' os gwelwch yn dda!

Eira: Dw inna ddim 'di aros yn f'unfan, wsti. Ond dwi'm wedi dechra colli 'ngwallt chwaith . . . Coffi arall?

Dan: Dim diolch.

Eira: Rhwbath cryfach?

Dan: Na. Dim diolch.

Eira: Be'? Ofn y saint?

Dan: Nage. Y gyfreth.

Eira: Pam? Wyt ti'n bwriadu gyrru i rwla pnawn 'ma?

Dan: Wel . . .

Eira: Sori. Ma' croeso i ti 'neud fel y mynni di, siŵr . . .

Dan: Meddwl o'n i, falle y bydden i'n mynd am ryw dro bach i rwle.

Eira: Mi fedrwn i yrru.

(Saib)

Ond ella na fasat ti'm isio i mi ddŵad efo ti.

Dan: Pam lai?

Eira: Pryd feddyliest ti am fynd am dro?

Dan: Nawr . . . Wel, ar 'y ffordd 'ma.

Eira: Be' arall groesodd dy feddwl di ar y ffordd 'ma?

Dan: Atgof.

Eira: Dim ond un?

(Dan yn cilwenu ac yn codi'i ysgwyddau)

Eira: Dydi'r cof ddim yn diflannu ar ôl yr hanner cant, 'lly. Gest ti barti ddoe?

Dan: Naddo.

Eira: Pam? Mi fedrat ti fod wedi mynd allan i ginio a chael rhyw lymaid neu ddau o win.

Dan: Na. O'dd rhaid i fi baratoi 'y mhregethe prawf, on'd o'dd e?

Eira: Dan a'i flaenoriaetha! . . . A'i egwyddorion.

Dan: Ti'n tynnu 'ngho's i nawr.

Eira: Ydw i?

(Saib)

Dan: Beth yw hanes yr ogof? Pwy ladron fuodd yn 'i defnyddio hi?

Eira: Y ganrif ddwetha oedd hynny. Ma' 'na enw arall iddi hefyd. Ogo'r Cariadon. Ma' 'na fainc yno, wedi'i naddu o'r graig. Cyn lleted â gwely. Wel, gwely bach cul, cul . . .

Dan: O, sdim digon o le i ddou.

Eira: Dibynnu sut basan nhw'n gorwedd.

(Saib)

Dan: Wyt ti'n dala i acto?

Eira: Nacdw.

Dan: Ma' bai arnot ti. Allet ti fod wedi 'neud dy farc fel actores. Cofia, sa i'n awgrymu bo' ti wedi cwmryd cam gwag. Wy 'di darllen rhywfaint o dy waith di. Dim lot, achos ma' fe tu hwnt i fi. Fel wedes i 'thot ti flynydde mowr nôl, i fi o'dd lojic mor dywyll â bola buwch . . .

(Saib)

Cana gân Polly.

Eira: Na. Dwi isio bod yn Eira Lojic heddiw diolch yn fawr. Dyna fyddan nhw'n 'y ngalw i, sti. Cam gwag neu beidio, Eira Lojic fydda i bellach.

Dan: Cana . . . 'I loved a man'.

Eira: Na, mi fasa'n well gin i gael dadl athronyddol. Er enghraifft, sut gwyddost ti am dywyllwch bol buwch? Fuost ti yno erioed?

Dan: Do . . . droeon.

Eira: Ond nid yr un fuwch bob tro, ia?

(Dan yn syllu arni ac yn anesmwytho braidd)

Eira: Ond deuda, sut fedri di honni 'i bod hi'n dywyll ymhob bol buwch? Sut fedri di brofi hynny? Gweld pob bol buwch sy'n bodoli?

(Eira yn gwenu arno ac yntau yn ymateb a hanner gwên, nerfus, ansicr . . .)

Eira: Ond wedyn, mi fasa hynny'n amhosib, on' basa? A wyddost ti pam? Fedri di'm gweld yn y tywyllwch, fedri di?

(Dan yn gwenu ac yn ymlacio ychydig)

Eira: Mi fydda i'n trio honna ar y glas fyfyrwyr bob blwyddyn. Ond tydi hi'm yn ddoniol iawn dwi'n ofni.

Dan: Cana gân Polly i fi.

Eira: Pam ges i nghastio fel Polly Garter? Mi o'n i'n rhy ifanc.

Dan: Alle neb 'i chanu hi'n debyg i ti. 'Na fe, o'n inne'n rhy ifanc i whare Eli Jenkins 'fyd.

Eira: Laswn i fod wedi'i chanu hi ddeng mlynadd nôl. 'Na 'i hoed hi 'nte? Rhyw bymtheg ar hugian. Tasat ti wedi dod i ginio bryd hynny, mi laswn wedi'i chanu hi i ti.

(Exit Eira)

Eira: Reit. Mi fydd hwn yn ginio sbesial heddiw. Parti pen blwydd y Parchedig yn hanner cant. A chan nad ydi o'n bwriadu mynd ymhellach na'r ogo, mi gaiff agor potel o win coch.

(Enter Eira â photel win ac agorwr)

Eira: Agor hi, iddi gael anadlu.

Dan: Na. Alla i ddim.

Eira: Be' s'arnat ti?

Dan: Alla i ddim.

Eira: Ty'd o'na! Neith llymaid ddim niwed i ti, siŵr. Ma' 'na oria cyn y byddi di'n dringo'n d'ôl i'r pulpud.

Dan: Na. Fydde'n well 'da fi beido. Wir . . .

Eira: Ma' gin i bepyrmints.

Dan: Eira . . . Dŵr fydda i'n moyn 'da 'nghino.

Eira: Be' haru ti? Wnaiff un gwydraid ddim niwed. Ac os awn ni am dro'n y car, mi yrra i.

Dan: Na. Dim hynny s'da fi. Sa i wedi yfed diferyn o alcohol ers rhyw naw mis. Ti'n dyall? Y cynta o Ebrill o'dd hi. O'n i'n arfer joio whare tric â rhywun bob Ffŵl Ebrill. Twyllo, cafflo. Ond 'leni fe weles i taw fi'n hunan o'dd y ffŵl penna. A 'na ni. Do'dd dim amdani ond jengyd i glinic yn Ne Lloegr.

(Saib)

Sori. Wy 'di diflasu pethe i ti nawr, on'd odw i?

Eira: Naddo, ond be' ma' rhywun fod ddeud nesa? Cydymdeimlo? Dy longyfarch di?

Dan: 'Mond 'da phobol debyg i fi y galla i ga'l cydymdeimlad. A sa i'n 'i ddisgwl e o'wrth neb arall. Gronda. Fe fydden i lot hapusach set ti'n 'i hagor hi.

Eira: Na.

Dan: Tr'eni na fydden i wedi galler dy rybuddio di. Allen ni fod wedi osgoi'r ddrama fach 'na wedyn.

Eira: Pwy oedd yn gwbod?

Dan: Ma' hi'n amhosib gweud. Fe ffones i'r Samaried siwrne, yn yr awr dywylla.

Eira: Ond ddaru ti'm rhoi d'enw i hwnnw . . . neu honno.

Dan: Naddo.

(Saib)

Eira: Pwy arall oedd yn gwbod? Meinir . . . decini. Meddyg?

Dan: Wrth gwrs.

Eira: Yr eglwys?

Dan: Ambell un.

Eira: Be'? Cael dy ddal? Neu oeddat ti'n medru ymddiried yn rhywun?

Dan: Fues i am flynydde'n pallu credu'r peth 'yn hunan. Wedyn, y peth dwetha 'nelen i fydde agor 'y nghalon i rywun arall.

(Saib)

Eira: Pam na ddaru ti sôn am siop Bethlehem yn dy bregath?

Dan: Sa i'n gwbod.

Eira: Ty'd o'na! Ddim isio sôn am y cowntar gwin oeddat ti. Dwi'n iawn, 'tydw?

Dan: Na wyt.

Eira: Ond fasa'r stori ddim yn gweithio heb sôn am y sesh ar y gwin.

Dan: Ti 'di camddeall.

Eira: Ydw i?

Dan: Ta beth, wyt ti 'di ca'l hen ddigon o'n hanes i. Beth am dy hanes dithe?

Eira: Be' wyt ti isio'i glywed? Crynodeb chwartar canrif? Diflas iawn . . . iawn.

Dan: Ga i farnu 'nny?

Eira: Fasa hi'm yn well gen ti gael gwbod pam wyt ti yma rŵan?

(Saib)

Coffi arall, i ti gael styried.

(Exit Eira)

Eira: Sut mae Meinir?

Dan: Iawn.

Eira: Fydd hi byth yn mynd ffwrdd ar y Sul efo ti.

Dan: Na fydd.

(Saib)

Eira: Gorfod i mi fynd â 'nghi at y vet echdoe.

Dan: O . . . Beth o'dd yn bod?

Eira: Henaint.

Dan: Beth? Fuodd rhaid i ti'i waredu fe?

Eira: Do.

Dan: Ma'n ddrwg 'da fi.

(Enter Eira a'r coffi)

Eira: Biti na fasat ti yma 'nte? I'r cynhebrwng. Pero druan.

Dan: Beth o'dd e?

Eira: Cwmni.

(Saib)

Dan: Ca'l un arall ddylet ti.

(Eira yn mynd i ddrâr ac yn dod â choler a thennyn ci)

Eira: Anrhegion Dolig Pero llynadd.

Dan: Neis iawn.

Eira: Sgen ti gi?

Dan: Nag o's. Fuodd cath 'co siwrne, ond fe a'th hi dan lori.

Eira: Druan â hi.

Dan: Cwrcyn o'dd e.

Eira: Meddwl am Meinir oeddwn i.

Dan: O ie. Do, fuodd hi'n galaru tipyn ar 'i ôl e.

Eira: Ond chawsoch chi'm un yn 'i le fo.

Dan: Naddo.

Eira: Dy benderfyniad di oedd hynny?

Dan: Nage. Do'dd dim ots 'da fi.

Eira: Doedd o'm yn bwysig.

Dan: Nag o'dd.

Eira: Ddim yn ddigon pwysig i ffraeo'n 'i gylch o. Ond ma' 'na rai petha, mae'n siŵr. 'Petha sy'n newid y tirlun' fydda i'n 'u galw nhw.

Dan: Beth ti'n feddwl?

Eira: Creu môr a mynydd, 'nte? Rhaid gneud hynny ambell waith, decini.

(Saib)

Dan: Shwt o't ti'n gwbod taw ar 'y mhen 'yn hunan fydden i heddi?

(Eira yn gwenu . . . yn gosod y coler a'r tennyn ar y ford gyda'r botel win)

Eira: Holi.

Dan: Pwy?

Eira: Ffrind.

Dan: Ga i wbod pwy?

Eira: Na chei.

Dan: Wy 'di bod yn destun ymchwil, odw i?

Eira: Wyt.

(Saib)

Dan: O't ti'n gwbod beth wy newy' weud 'thot ti am y botel 'na.

(Saib)

O't ti?

Eira: Oeddwn.

Dan: Pam 'nest ti gynnig gwin i fi 'te? O't ti'n gwbod am y naw mis dwetha?

Eira: Mi glywish ryw si.

Dan: 'Da dy ffrind . . . Sa i'n credu hyn. A fe gest ti wbod 'da dy ffrind am y pen blwydd 'fyd.

Eira: Naddo.

Dan: O! O'dd dy ffrind di wedi'i cholli hi fanna 'te.

Eira: Mi o'n i'n cofio am hwnnw.

(Saib)

Ma' angan 'i smwddio fo.

Dan: Beth?

Eira: Dy dalcan. Mae o'n grycha byw.

Dan: Beth yw dy gêm di?

Eira: Waw! Nid dim ond y llysia sy'n taro'r berw rŵan! Dwi'n falch dy fod ti wedi pregethu efengyl cariad bora 'ma, neu faswn i'n dechra teimlo'n annifyr.

Dan: Shwt alli di fod mor siŵr bo' ti wedi deall 'y mhregeth i?

Eira: Pwylla rŵan. Ma'r cwestiyna'n dechra torri fel rhaeadra dros 'y mhen i. P'un wyt ti isio i mi 'i atab gynta?

(Saib)

Dan: Fydde ots 'da ti sen i'n ca'l mwgyn?

Eira: A chroeso! Cymerwch chi sigaret, Barchedig.

Dan: Ma' nhw yn 'yn siaced i.

Eira: Ac ma'ch siacad chi fyny grisia.

Dan: Ody. Pam est ti lan â hi, sa i'n gwbod.

Eira: Rhyw chwilen yn 'y mhen sgin i ers blynyddoedd.

(Exit Eira i'r llofft. Dan yn rhoi'r anadlwr at ei drwyn . . . Enter Eira â'r siaced a'i hestyn i Dan)

Eira: Fydda i'm yn licio hongian cotia yn y cyntedd i hel llwch a chreu llanast.

(Dan yn tynnu pacyn sigarets a thanwr o'i boced ac Eira yn cymryd y siaced)

Eira: Ma' gin i hen gôt arddio'n hongian yn y cefn, ond fedrwn i'm â rhoi hon efo honno, fedrwn i.

(Exit Eira â'r siaced i'r llofft. Dan yn tano sigaret ac yn gosod y pacyn ar y ford cyn chwilio am flwch llwch. Enter Eira)

Eira: Blwch llwch?

(Eira yn estyn blwch llwch o ddrâr)

Eira: Ma'n nhw'n betha prin iawn yn tŷ 'ma.

Dan: Ti'm yn smoco.

Eira: Duwcs nacdw. Ddim ers chwartar canrif . . . O ia, oedd gin i rwbath arall i' ofyn i ti hefyd. Ydi hi'n wir 'u bod nhw'n gwario saith mil y dydd i gynnal eglwys Caergaint?

Dan: Sa i'n moyn trafod y bregeth.

Eira: Ty'd o'na! Ma' hi'n werth 'i thrafod. Ti'n gwbod bod y darn ddaru ti ddyfynnu o 'Lladd Wrth Yr Allor' ar 'y ngho' i unwaith? 'Agorwch y drws! Ni chaniataf wneuthur caer o dŷ gweddi.' Be' sy' wedyn?

Dan: Ddysges i mohono ariôd. O'dd nodiade 'da fi bore 'ma.

Eira: Aros di . . . 'Amddiffyn yr Eglwys ei heiddo, nid fel coed a main, ond yn ei ffordd ei hun, canys pydra'r rhain, ac ni pharhânt.' Rŵan 'ta! Be' ti'n feddwl o hynna? Tydi'r co' yn wyrth? . . . Pan o't ti'n fyfyriwr mi o't ti'n arfer pregethu heb nodiada. Ac mi o't ti'n bishyn hefyd.

(Saib)

Pryd fyddi di isio ffwc?

(Saib)

Pnawn 'ma? Toc wedi cinio? Neu fyddi di'n mynd am gyntun bach? Dwi'n dallt fod rhai dros 'u hannar cant yn licio'u cyntun pnawn. Neu pwy ŵyr? Ella dy fod ti wedi styried rhyw howdidŵ bach cyn cinio. Dibynnu ar dy flaenoriaetha di, 'ntydi?

(Saib)

Mi fasa cyn cinio braidd yn anghyfleus erbyn hyn, rhaid i mi gyfadda. Mi fedrwn 'i daro fo'n y meicro, ond rhyw hen ginio eildwym fasa fo wedyn, 'nte? Lle mae o arni dŵad?

(Exit Eira gan hymian cân Polly Garter)

Eira: Ma' gynnon ni chwartar awr.

(Enter Eira)

Eira: Ond 'na fo, fasa hynny ddim hannar digon o amser i newid y tirlun, fasa fo? Na, bod yn gall fasa ora, a'i chychwyn hi efo cinio. Traed dan bwrdd a ballu. Chwara ffwtsus! Cychwyn efo bodia traed! Mi fasa hynny'n hwyl, on' basa? Na. Cinio gynta, Canaan wedyn. 'Mynna dy ginio cyn mynd i Ganaan'. Ar 'Y Talwrn' glywish i honna. Fyddi di'n dal i farddoni? Dwi'm 'di dy glywed di ar 'Y Talwrn' yn ddiweddar. 'Mynna dy ginio cyn mynd i Ganaan'. Un dda 'toedd? A deud y gwir, mi oedd hi ar 'y meddwl i pan ddeudish i wrth yr Ysgrifennydd 'y mod i am dy gael di heddiw. 'Mynna dy ginio cyn mynd i Ganaan' meddwn i wrthyf fy hun. A 'na ti gyd-ddigwyddiad wedyn, 'nte? Chdi'n sôn am y daith 'na i wlad Canaan. A'r cymun nad oedd yn gymun. Troi'r deml yn ogof lladron a ballu . . .

Dan: Anghofia'r bregeth Eira.

Eira: Iawn. A deud y gwir, ma' hi'n wyrth 'y mod i'n cofio cymaint. Mi oedd hi'n andros o anodd i mi ganolbwyntio. Yr atgofion yn mynnu mynd â 'mryd i. Hannar ffordd drwy'r bregath, pan oeddat ti'n croesi môr Galilea ar dy ffordd i Gapernaum, wyt ti'n gwbod lle oeddwn i? Yng nghefn dy gar di ym mherfeddion fforest Brechfa. Y ffenestri'n stemio a'r Morris Thousand yn symud fel llong ar fôr tymhestlog. Nid yn unig ar fôr Galilea y bydd stormydd sydyn yn codi. Wyt ti'n cofio'r cyfamod?

(Saib)

Yn ystod wsnos ola ymarfer y ddrama? Ti'n cofio be' ddeudist ti?

(Saib)

Ty'd o'na.

Dan: Beth yffarn ti'n dreial neud?

Eira: Cofio. Cofnodi. Rhoi trefn ar betha a ballu. Ty'd. Ti'n cofio'r cyfamod?

Dan: Pwy gyfamod?

Eira: Ty'd o'na! Ti'n smalio rŵan.

Dan: Iawn. Odw, wy yn cofio.

Eira: 'Na welliant. Fasa hi ddim yn iawn i ddarpar weinidog Calfaria fod yn anonest. Felly, deuda wrtha

i. Be'n union oedd y cyfamod?

Dan: Ti'n gwbod cystal â fi.

Eira: Dwi isio i chdi ddeud o.

(Saib)

Ty'd.

(Saib)

Ty'd o'na.

Dan: Na fydde dim cyfathrach rhynton ni.

Eira: Ew! 'Na ti air! 'Cyfathrach'. Chwartar canrif o bregethu sy' 'di rhoi'r gair 'na i ti. A be' am 'i gydio fo wrth yr ansoddair 'rhywiol'? Fyddi di'n sôn am gyfathrach rywiol o'r pulpud weithia? Ond dim unwaith ar 'Munud i Feddwl'. Mi fydda i'n gwrando'n gyson wsti, a tydw i'm yn cofio dy glywed di'n sôn am 'gyfathrach rywiol' heb sôn am 'gyfathrach gyfunrhywiol'. Be' oedd gen ti wsnos dwetha? O! Ia! Ogo Cwmhwplin! Hanas erlid yr Annibyns! Diddorol iawn! Ma' gen ti ddiddordab mewn ogofâu, 'ntoes? Ond aros di nes y gweli di Ogo'r Cariadon! Ta waeth, y cyfamod gynta. Dim cyfathrach.

Dan: Fe gytunest di.

Eira: Do. O barch i'r cyw Barchedig, oedd newydd briodi'i wraig . . . a'i eglwys.

(Saib)

Dan: Beth o'dd y stori 'na am fforest Brechfa? Fuon ni ddim 'na ariôd.

Eira: Yn hollol! Dychymyg. Dymuniad. Dyhead.

(Saib)

Ti'n cofio'r teithio nôl o'r ymarfer drama yn y Morris Thousand? Ddwywaith yr wsnos yn gyson am ddeufis? Mi oedd hi'n ha' poeth. Ti'n cofio? Tywydd ysgytlaeth os bu un erioed! A gwin. Ti'n cofio'r mynegbyst ar y ffordd o Landeilo? Tri chyfla i droi am Brechfa! Tri chynnig i Morris! A'r fforest, y fwya yn Ewrop medda chdi! Ti'n cofio? Fforest i fynd ar goll ynddi. Gen ti glywish i'r gair 'cwato' gynta. Fforest i fynd i gwato ynddi. Ond gyrru heibio ddaru ti. Ches i'm 'i gweld hi, ond o bell. A dwi hyd yn oed yn cofio dy linell di. 'Machlud haul ha'n tollti'i win coch dros 'i glesni'.

Dan: 'Arllwys'.

Eira: Sori. ' . . . arllwys 'i win coch . . . ' Ddaru ti 'i gorffen hi?

Dan: Beth?

Eira: Y gerdd. Ta waeth, dwi'n siŵr y basa'r hen Forris wedi dringo'n ddigon ufudd i ganol y coed. Mor ufudd â'r Boli fach ifanc yn eistadd yn dynn yn ymyl 'i pharchedig Eli. Ac mi ddaru ti stopio unwaith yng nghysgod un o'r mynegbyst – Brechfa chwe milltir. A finnau'n meddwl – waw! Dyma fi o'r diwadd ar fin cael gweld un o ryfeddoda Ewrop! 'Ti isio ffag?' medda chdi. 'Be'?' medda fi, â chalon Poli'n llamu i dwn i ddim ble. 'Ffag'. 'Diolch' medda fi, yn bropor iawn, a rhoi chwip dîn breifat i Poli am fod mor bowld. Ta waeth, mi dwi'n gweld y pecyn rŵan. Embassy coch. Bryd hynny, doedd dim rhybudd iechyd y llywodraeth arno fo. Pechu heb gyfri'r gost! Cyfnod felly oedd o, 'nte? Mi fuon ni yno am . . . awr neu ddwy? A fanno y seliwyd y cyfamod. Chditha wrth reswm oedd yn arwain y trafod. Dyfynnu 'Cwm

Berllan', Waldo. 'Cwm Berllan, Un Filltir . . . '

(Saib)

'Ti isio ffag?!' medda chdi yng nghysgod y mynegbost. 'Ti isio ffag?!'

(Saib)

Bechod na fasa ni wedi rhoi'r cyfamod ar bapur, 'nte? Er mwyn i Gymru gael chwedl newydd am ddiweirdeb. Doedd diweirdeb Pwyll yn ddim o'i gymharu â'n cyfamod ni. Ddaru hwnnw ond troi'i wyneb at y parad am flwyddyn. Mi roedd hi'n fwriad gynnon ni fod felly am byth! O leia, dyna oedd bwriad ein cyfamod ni. Ond dyna fo, mae o wedi'i dorri bellach, 'ntydi?

(Exit Eira)

Eira: Sut fyddi di'n licio dy refi? Yn dew, 'ta'n dena?

(Saib)

Ew! 'Na ti gwestiwn dadlennol, ynte dŵad? Mae gin i grap go lew ar dy hanas di dros chwartar canrif, ond sgin i'm obadeia am drwch dy refi di! Digri ynte! Dwi'n cofio bod mewn archfarchnad ym Mangor unwaith, ac yn dilyn pâr canol oed o gwmpas. Fo'n gwthio'r troli a hitha'n dewis y nwydda. Weithia'n gafael dwylo, dro arall yn gwenu ac yn sbio nes bo' nhw'n gweld 'u llun yn 'u llygada 'i gilydd. Dau ffodus ar y naw, meddwn i wrtha i'n hun. Yn dal i fod yn gariadus ar ôl tua chwartar canrif o briodas. Mi roedd hynny'n ddiddorol ynddo'i hun, 'ntoedd? Mae parau felly'n brin iawn erbyn hyn. Ond yn sydyn, mi glywish i hi'n gofyn iddo pa goffi oedd o'n hoffi! Waw! 'Na ti newid y tirlun!

Dan: Beth yn gwmws ma'r ffrind 'ma wedi bod yn gweud

amdana i?

Eira: Erbyn meddwl, dwi'm wedi gofyn i ti chwaith, pa goffi ti'n hoffi.

Dan: Chest ti'm gwbod 'da'r ffrind?

(Enter Eira)

Eira: Naddo cofia. Be' wyt ti'n licio fel arfar? Instant Maxwell House neu Nescafe? Gyda llaw, Kenco oedd hwnna.

(Eira yn gafael yn y coler a'r tennyn ac yn chwerthin iddi'i hunan . . .)

Dan: Shwt ma'r cyfamod wedi'i dorri?

Eira: Fyddi di'm yn gwisgo coler gron rŵan. Pam?

(Eira yn rhoi'r coler o amgylch y botel ac yn anelu am y gegin)

Eira: Mae'n rhaid i mi gychwyn y grefi neu mi eith hi'n ben set.

(Cloch y ffôn)

Eira: Pwy sy' 'no rŵan?

(Eira yn ateb y ffôn)

Eira: Fron Dawal . . . Ia? . . . Siarad . . . S'mai . . . Ydi, mae o yma . . . Alwa i arno fo rŵan . . . *(wrth Dan)* Meinir . . . Daliwch y lein am funud. Newydd fod yn trafod grefi 'dan ni . . . Na. Fi oedd ddim yn siŵr sut mae o'n licio'i refi . . . Iawn! Mi geith o'i neud o'i hun 'ta! *(wrth Dan)* Dy annwyl wraig.

(Dan yn dod at y ffôn. Exit Eira)

Dan: Ie? . . . 'Sbosib! Pryd ddigwyddodd hyn? . . . Druan â hi . . . Ody, fe ddyle dydd Iou fod yn iawn. Neu ddy'

Gwener . . . Beth ddigwyddodd iddi? . . . O wel, fel'na ma' hi . . . Na. Fydda i 'nôl yn gynnar heno . . . Gyda llaw, shwt o't ti'n gwbod ble o'n i? . . . Wy'n gweld . . . Ie? . . . *(yn gweiddi)* Beth!? . . . Na na, popeth yn iawn. Fe gei di neud os ti isie . . . 'Nes i'm gweiddi . . . Iawn! Sdim ots 'da fi un ffordd na'r llall. Wir nawr! . . . Iawn. Hwyl.

(Dan yn diffodd y ffôn)

Eira: Problem?

(Enter Eira)

Dan: Un o'r aelode wedi marw'n ddisymwth.

Eira: Be'? Yn ifanc?

Dan: Na. Hen wraig fach annwyl dros 'i phedwar ugen o'dd Meri, druan. Ond do'dd dim teulu agos 'da hi, a o'dd Meinir isie ca'l gwbod os o'n i ar ga'l ddydd Iou neu ddy' Gwener ar gyfer yr angladd. Wy'n byw mewn mynwentydd y dyddie hyn, myn yffach i! Ma' angladd 'da fi fory a threnydd.

Eira: Aeloda?

Dan: Nage.

Eira: Paganiaid.

Dan: Na. Dou Sais yn perthyn i'r English Cong.

Eira: Ti'n weinidog ar gapel Saesneg hefyd?

Dan: Nadw. Rhoi pregeth 'ddyn nhw bob hyn a hyn.

Eira: Cyn 'u claddu nhw, ia?

Dan: Dim angla' fydd 'da fi fory, ond pantomeim. Gronda . . .

Eira: Pam?

Dan: O'dd e'n un o'r Seiri Rhyddion. Gronda, wy'n moyn . . .

Eira: Be'? Oes gynnyn nhw wasanaeth arbennig?

Dan: O's. Ond fydda i wedi cyhoeddi'r fendith cyn y can' nhw gyfle i adrodd 'u habracadabra wrth dowlu'r iorwg ar yr arch.

Eira: Pwy fydd yn gneud hynny?

Dan: 'U caplan nhw.

Eira: Pam na fasa fo'n cymryd at y cynhebrwng?

Dan: Y weddw wedi gofyn i fi.

Eira: Ti'n ffefryn gynni hi wyt ti?

Dan: Ma' hi'n aelod 'da fi.

Eira: Be' 'di 'i henw hi?

Dan: Mrs Bowen.

Eira: Mrs be' Bowen?

Dan: Judy. Pam ti'n moyn gwbod?

Eira: Sut oedd Meinir yn gwbod lle oeddat ti?

Dan: O'dd hi wedi ffono'r Ysgrifennydd.

Eira: Wela i. Be' arall ddeudodd hi?

Dan: Dim.

Eira: O . . .

Dan: Pam?

Eira: Wel, fedrwn i'm osgoi clywed y waedd, fedrwn i.

Dan: Cath . . . Ma' hi wedi cwmryd cath Meri.

Eira: Be'? I'w chadw?

Dan: Siŵr o fod. Neb arall yn 'i moyn hi.

Eira: Ond pam y waedd? Mi gredes i dy fod ti 'di cael sioc farwol. Matar i Meinir ydi cael cath neu beidio, 'nte? Dyna ddeudist ti.

Dan: Ie, wrth gwrs 'nny, ond so Meinir yn gwbod.

Eira: Be'?

Dan: Sdim ots.

Eira: Gwbod be'?

Dan: Wy'n rhyw feddwl bod . . . O! Damo, so fe'n bwysig ta beth.

Eira: Be'!?

Dan: Beth yffach! Gronda, ma' pethe pwysicach 'da ni . . .

Eira: Chdi ddaru godi'r matar.

Dan: Ie wel, os o's rhaid i ti ga'l gwbod, wy'n credu bo' fi'n iachach heb gath. Goffod i fi fynd ymbytu 'nhrwyn pwy ddwyrnod. A un o'r pethe cynta ofynnodd yr arbenigwr i fi o'dd os o'dd cath 'da fi. Meddwl bo' 'da fi alergedd. A sach bo' fe wedi gweud fel arall yn diwedd, wy'n rhyw gredu falle y bydda i'n iachach heb gath. 'Na'r cwbwl.

Eira: 'Na pam waeddest ti.

Dan: Ie . . . siŵr o fod. Damo, so fe'n bwysig ta beth!

Eira: Ond diddorol!

Dan: Pam?

Eira: Bo' ti heb ddeud wrth Meinir.

Dan: Pam fydden i'n ffwdanu? Achos dim 'na beth o'dd yn bod arna i.

Eira: Ond mi wyt ti'n dal i ama y basa ti'n iachach heb gath.

Dan: Ma' hawl 'da fi ga'l rhai amheuon, glei.

Eira: Oes debyg. Ond oes hawl gin weinidog 'u cadw nhw oddi wrth 'i gynulleidfa?

Dan: Gronda nawr, Eira . . .

Eira: Na. Ateb 'y nghwestiwn i.

Dan: Sdim hawl 'da neb fynd â'i amheuon i'r pwlput. Pregethu sy' fod digwydd fan'ny. A elli di'm pregethu amheuon.

Eira: Felly, os wyt ti'n ama'r Atgyfodiad er enghraifft, fyddi di byth yn 'i drafod o o dy bulpud.

Dan: Dim sôn am 'drafod' odw i, ond am 'bregethu'. Ta beth, pam wyt ti'n credu bo' fi'n ame'r Atgyfodiad?

Eira: Ti ddaru sôn am ddylanwad y coleg arnat ti 'stalwm. Ta waeth, lle o'n ni dŵad, cyn i'r ffôn ganu? O! Ie. Y grefi. Fyddi di isio fo'n dew?

(Exit Eira)

(Saib)

Eira: Daniel?

Dan: Sdim gwanieth 'da fi. Fel daw e.

Eira: Mi geith o ddŵad fel dwi'n 'i licio fo 'ta. Na, erbyn meddwl, fedra i ddim. Dwi 'di arfar rhoi joch o win coch ynddo fo.

(Saib)

Dan: Shwt ma'r cyfamod wedi'i dorri?

Eira: Wyt ti isio i mi atab hwnna cyn cinio?

Dan: Odw.

Eira: Fasa hi'm yn well gohirio?

(Exit Dan)

Dan: Eira. 'Nei di weud 'tha i? Gad lonydd i'r blydi grefi!

Eira: Fasa hi'm yn well i hwnnw daro'r berw gynta?

Dan: Gad e fod! Ti'n clywed? Dere o'r gegin 'ma! Cer i hôl 'yn siaced i!

(Dan yn ei thynnu i'r lolfa)

Eira: Dos dy hun. Cyntaf ar y chwith. Drws 'yn llofft i.

(Saib hir)

(Exit Dan i'r llofft. Eira wedi ei brifo'n gorfforol ond yn benderfynol o adfeddiannu'r sefyllfa. Enter Dan yn cario'i siaced)

Eira: Pam wyt ti isio dy siaced rŵan? Isio tsiecio, wyt ti?

Dan: Beth?

Eira: Paid â gofidio. Ma' gin i becyn.

(Saib)

(Dan yn rhythu arni)

Eira: Boots . . . Waw! 'Na ti sbloetsh sydd yno erbyn hyn! Pecynnau o bob lliw a llun! Digonadd! Gormodadd, a deud y gwir. Ond yn sydyn, mi ges fraw bach. Be' tasa Ysgrifennydd Calfaria yn digwydd bod yn sefyll tu cefn i mi, yn disgwyl 'i dro i brynu aspirin? Be' ddeudwn i wrtho fo? 'Y mod i'n paratoi ar gyfar y Sabath? Ar gyfar y pregethwr gwadd? Ond yn sydyn, mi ddoth gwaredigaeth. Mi wthiodd dau heibio i mi. Pâr priod, decini. Mi ddeudwn i 'i fod o tua'r saith deg, a hitha'n drigain a phump, ond yn bendifadda yn nabod grefi'i gilydd! A dyma nhw'n cychwyn trafod y gwahanol fatha. 'Didn't you like the peppermint darling?' medda fo. 'Let's try the banana' medda hitha, 'that should be fun!' 'Fair enough' medda fo, 'and then you can have your favourite breakfast in bed!' 'Just like that' medda hitha, 'in a jiffy!' Pawb yn chwerthin 'i hochra hi, ac wedi ymlacio'n llwyr! Difyr, 'nte?

(Saib)

Wel? Wyt ti isio gesio be' ges i?

(Dan yn dal i rythu)

Eira: Ty'd o 'na.

(Dan yn gwisgo'i siaced)

Eira: Fedra i ddim cael plant. Dwi'n ddynas hesb *(ynganiad gogleddol)* chwedl Doctor Jones. Roedd o o'r Sowth hefyd. Felly nid hesb ddeudodd o, ond hesb *(ynganiad deheuol)*. A rhaid i mi gyfadda, mae o'n sŵn cryfach, 'ntydi? Hesb! Hesb! Hesb! Sŵn terfynol iddo fo. 'Y'ch chi'n fenyw hesb' medda fo. Yn union fel 'swn i 'di dŵad o'r beudy. 'I eiria fo'n torri fel cyllall. Ac ymhen ryw dri mis ar ôl hynny, mi oeddwn i'n claddu 'ngŵr. Yn sydyn, yn ddeg ar hugian oed. Cansar.

(Saib)

Mi oeddwn i wedi hanner disgwyl dy weld di'n y cynhebrwng hefyd.

Dan: O'n i'm yn gwbod.

Eira: Iawn. Ta waeth, fedri di ddim rhoi plentyn imi. Ond hwyrach y medrat roi rhwbath arall. 'Na pam ddaru mi brynu bananas.

(Saib)

A dwi isio i ti ddallt un peth. Dydw i ddim wedi bod heb ddyn ar ôl colli 'ngŵr. Sut ddeuda i, dŵad? Ma' 'na fwy nag un wedi mynd â mi i Brechfa. Ac mi dw inna wedi mynd ag amball un i Gwm Berllan.

Dan: Sa i'n moyn gwbod dy hanes di. Ateb 'y nghwestiwn i.

Eira: P'run? Ma' gen ti ddwsina rŵan, 'toes?

(Dan yn troi i fynd . . .)

Eira: Y cyfamod gynta? Wyt ti isio gwbod sut ddaru ti'i dorri o? Wrth dorri un arall.

Dan: Beth?

Eira: Yr un oedd rhyngot ti â Meinir.

(Saib)

Dan: Beth s'da Meinir i' neud â hyn?

Eira: Ty'd o'na, Barchedig. Paid â malu cachu. Dwi wedi cael dy hanas di. Dim i gyd, debyg. Ond mi wn i ddigon i ddallt dy fod ti wedi mynd ar grwydr, yn fuan iawn ar ôl noson 'yn cyfamod ni. Ryw ddwy flynadd oedd hi, 'nte, cyn i dy lygada bach del di ddechra crwydro. Ac yna, mi ddechreuodd y dwylo ganlyn y llygada. Fedrwn i'm peidio â gwenu i mi'n hun pan glywish i ti'n cychwyn dy bregath efo'r geiria – 'Dwi'n bererin wrth natur. Dwi'n hoff iawn o bererindota.' Gwir pob gair, Barchedig!

(Saib)

Dan: A phwy sy' 'di bwrw'r chwedle hyn miwn i dy glopa di?

Eira: Chwedla?

Dan: Y ffrind, ife?

Eira: Dwyt ti'm am wadu?

(Saib)

Be' fydd dy destun di heno? 'Yr euog a ffy . . .'?

(Dan yn tynnu allweddi'r car o'i boced)

Eira: Lle ti'n mynd? Be' am y cinio?

Dan: Sdim whant bwyd arna i.

Eira: Paid â bod yn hurt. Mi wyt ti'n aros i ginio, siŵr. Mi gei di bererindota wedyn.

(Dan yn codi'i bacyn sigarets o'r ford ac yn tynnu sylw at y botel win)

Dan: Pam na 'nei di'i hagor hi?

Eira: Fedra i'm cael cymun ar fy mhen fy hun.

(Saib)

(Y ddau'n syllu ar ei gilydd. Exit Dan. Sŵn drws y ffrynt yn cau a Dan yn cerdded at y car. Eira yn mynd at y ffenest. Sŵn drws y car yn agor ac yn cau)

(Saib)

(Sŵn peiriant y car yn cychwyn)

(Saib)

(Y peiriant yn diffodd. Sŵn drws y car yn agor ac yn cau, a Dan yn cerdded at ddrws y tŷ. Sŵn cloch y drws)

(Sain: cynulleidfa yn canu emyn)

(Tywyllu)

ACT 2

Ymhen pythefnos. Gwyll y trydydd Sadwrn yn Rhagfyr.

(Y lolfa wedi'i haddurno, ychydig o gardiau Nadolig, un parsel o dan y goeden Nadolig. Eira ar y ffôn.)

Eira: Do. Mi ffoniodd o fi ryw awr nôl . . . o Lanymddyfri . . . Ond pam oedd rhaid i ti fynd o'r tŷ? . . . Gen ti oedd yr hawl i aros, siŵr . . . Wel, mi geith o andros o sioc dy fod ti wedi mynd nôl, 'lly . . . Ie! Dim lle yn y llety fydd 'i hanes o!

(Sŵn car yn cyrraedd, y peiriant yn diffodd a drws car yn agor ac yn cau . . .)

Eira: Na. Dydw i'm yn synnu o gwbwl . . .

(Sŵn traed yn cerdded at y drws)

Eira: Ond dyna fo, mi oedd hyn yn anochel, 'toedd? . . . Siŵr iawn . . . Yr amseru sy' braidd yn anffodus i Raspwtin, 'nte!

(Sŵn cloch y drws . . .)

Eira: Yli, mae o wedi cyrraedd . . . Iawn.

(Eira yn diffodd y ffôn, ac yn cymryd diferyn o gin a thonic. Exit Eira. Sŵn drws yn agor.)

Eira: Ty'd mewn. Mae'n flin gin i dy gadw di i rynnu, ond mi ganodd y ffôn.

(Enter Dan, yn gwisgo hen got fawr ddu a choler gron. Sŵn drws yn cau. Enter Eira.)

Eira: Ac o'n i ar ganol trio gleuo'r blwmin goedan 'ma. Dwn i'm pam dwi'n straffaglio wir. Ma' hi `run fath bob blwyddyn. Un o'r bylbia wedi mynd, decini, ac yn cael effaith ar y cylch cyfan. 'Na ti destun pregath i ti rŵan! A be' 'di ystyr hyn? Dwi'n cael y fraint o dy weld ti ddwywaith mewn pythefnos! A be' sy' wedi dy dynnu di eto i'r gorllewin gwyllt? Wyt ti ar dy ffordd i achub y Gogs fory? Ty'd â dy gôt.

(Dan yn tynnu'i got fawr a hithau'n ei chymryd . . . Siwmper sydd ganddo dani)

Eira: Wel, wna i ddim trafferthu mynd â hon i'r llofft. Tydi hi'm yn M & S newydd sbon danlli ydi hi! Geith hon fynd hefo 'nghôt arddio i.

(Exit Eira â'r got. Dan yn sefyll fel delw. Enter Eira.)

Eira: Dy gôt cynhebrynga di, ia?

(Exit Eira i'r gegin)

Eira: Iawn ar gyfar tywydd mynwentydd y gaeaf, decini. Rŵan 'ta, coffi? Mae o ar y berw gin i. Wyt ti'n dallt y bylbia 'na, dŵad?

(Eira yn arllwys coffi yn yr hatsh)

Eira: Hen ffidl ydan nhw, 'nte? Doeddwn i'm wedi bwriadu cael coedan 'leni. Neu meddwl ella y cawn i un blastig. Creu llanast ma' hi, 'nte? Ond dyna fo, ma' h'n anodd torri ar hen draddodiad. A phan o'n i'n chwilio am un blastig, mi welish i'r boi 'ma'n gwerthu rhai go iawn o gefn lori.

(Enter Eira i ddod â dau goffi o silff yr hatsh, gan estyn un i Dan)

Eira: A chredi di'm mo hyn. Wyddost ti o lle ma' hi? Fforest Brechfa!

(Eira yn mynd at y goeden ac yn newid bwlb yn y gadwyn . . .)

Eira: Sais oedd o, o Birmingham, ond yn ffermio yn Rhydcymerau. Cofia, mi oedd o'n honni bod 'i blant o'n siarad Cymraeg.

(Eira yn ail osod y plwg)

Eira: Mi ges i'n nhemtio i brynu set o oleuada newydd, ond drud 'dan nhw, 'nte.

(Y goeden yn goleuo)

Eira: Waw! Bydded goleuni! Rŵan 'ta, Barchedig! A be' 'dach chi'n feddwl o hynna!?

(Eira yn sylwi ar Dan yn rhythu arni)

Eira: Cym dy goffi.

(Dan yn dal i rythu)

Eira: Be' sy'?

Dan: Sdim syniad 'da ti beth sy' wedi digwydd heddi.

Eira: Na. Be'?

(Yn sydyn, Dan yn rhoi'r coffi o'r neilltu ac yn ei chofleidio'n dynn. Ar ôl ysbaid, Eira yn ceisio ymryddhau.)

Dan: Gaf'el yn dynn.

Eira: Ond be' sy'?

Dan: Gaf'el!

(Eira yn ei gofleidio)

(Saib hir)

(Yntau'n ceisio ei chusanu . . . Eira yn ymryddhau)

Eira: Ara deg, Romeo. Ma' dy goffi di'n oeri.

Dan: Sa i'n moyn e.

Eira: Anniolchgar, anfoesgar Barchedig!

(Saib)

Ty'd rŵan.

(Saib)

Wel? Be' sy'?

(Saib)

Be' sy'?

Dan: Ble wy'n dechre?

(Saib)

Eira: 'What we cannot talk about we must consign to silence'. Sut fasat ti'n cyfieithu hwnna? Dyna dwi 'di bod yn gneud pnawn 'ma. Paratoi darlith ar Wittgenstein ar gyfar . . .

Dan: Ma' Meinir wedi 'ngad'el i.

(Saib)

Ma' hi wedi 'ngad'el i. O'dd Lloyd newydd gyrra'dd i hala'r Nadolig 'da ni. Ond fe wedodd hi wrtho fe o 'mla'n i, nag o'dd hi'm isie aros eiliad arall o dan yr un to â fi. O'dd hi wedi bod wrthi'n paco rhyw fag neu ddou'n barod, sach i fi ddadle a dadle 'da hi. Yn diwedd, o'n i wedi cynnig symud mas 'yn hunan. A fe gyniges i wedyn o fla'n Lloyd. A gweud y gwir, dowles i 'mag i'r car. Ond pan es i lan lofft i hôl rhagor, yn ddisymwth fe glywes i sŵn drws y ffrynt yn cau, a phan ddes i lawr, o'dd y ddou wedi diflannu.

(Saib)

Yffarn dân! 'Na beth o'dd bore!

Eira: Lle fasat ti wedi mynd? Lle wyt ti'n mynd â dy fag? Sgen ti le?

(Saib)

Pam na 'nei di'n atab i?

(Saib)

Dan: Nag o's.

Eira: Pam ddaru ti gynnig gadael y tŷ 'ta?

Dan: Byrbwylltra.

Eira: Gwesty? Oeddat ti wedi meddwl am rwla felly?

Dan: Nag o'n. Shwt ar y ddaear allen i fynd i le fel'nny?

Eira: Be' am 'Get Your Gun'? Ti oedd cannwyll 'i llygada hi, 'stalwm. Dy Fodryb Annie. Pam na fedrat ti fynd ati hi?

(Dan yn rhythu arni)

Eira: Be' sy'?

(Saib)

Ty'd o'na. Be' sy'?

Dan: Pam na 'nest ti enwi'r ddwy arall? Y Drindod fel o'n ni'n 'u galw nhw slawer dy'. Shwt o't ti'n gwbod bod Anti Bessie a Anti Lil wedi marw?

Eira: Dwn i'm Duw. Ddaru ti'm sôn . . . ?

Dan: Naddo. Pryd?

Eira: Bythefnos nôl, siŵr . . .

Dan: Naddo. 'Nelon ni'm 'u crybwyll nhw o gwbwl.

Eira: Wel, dwn i'm sut oeddwn i'n gwbod, 'lly. Papur, ella.

(Saib)

Chdi sy' 'di anghofio dy fod ti 'di sôn, decini. Ta waeth, dydi o ddim o bwys, nac'di?

Dan: Na'dy fe?

Eira: Nac'di, siŵr. Dwyt ti ddim yn mynd at dy fodryb Annie, 'lly. Ond be' dw i'm yn ddallt ydi pam ddaru Meinir fynd.

Dan: Lloyd. Fe gath e berswâd arni i fynd 'dag e.

(Saib)

Shwt o't ti'n gwbod am yr antïod?

Eira: Dwn i'm Duw! Ydi o'n bwysig?

Dan: Wy'n cofio pob gair 'wedwd bythownos nôl.

Eira: 'Na ni 'ta. Os wyt ti'n deud . . .

Dan: Pob gair. Sdim byd arall o werth wedi bod ar 'y meddwl i drw'r amser ers 'nny.

(Saib)

Glywest ti?

Eira: Do.

(Saib)

Dan: A beth amdanot ti?

Eira: Be' rŵan?

(Saib)

(Eira yn sylwi ar Dan yn anesmwytho ac yn edrych i gyfeiriad y ffenest)

Eira: Ma' hi wedi cymylu, 'ntydi? Mi oedd hi'n noson serennog braf. Siâp y benglog yn glir iawn.

(Yn sydyn, Dan yn mynd at y ffenest ac yn cau'r llenni)

Eira: Mae o'n dal i fod yno, 'sti.

(Saib)

Y byd . . . a Golgotha.

(Saib)

Gweithred annodweddiadol o'r gweinidog delfrydol ddeudwn i. Cau'r llenni ar Golgotha. Be' ti'n drio 'neud? Smalio nad ydi o ddim yno? A be' tasa rhywun wedi dy weld ti yn tynnu'r llenni? Meddwl am y sgandal! Darpar weinidog Calfaria'n cau llenni Eira Lojic!

(Saib)

Gwranda. Mi wn i sut wyt ti'n teimlo, ond mi wyt ti 'di dŵad i'r lle iawn i gael cyngor.

Dan: Beth?

Eira: Mi fedra' i gynnig cwrs carlam i ti ar sut i dreulio'r Dolig ar dy ben dy hun. Dwi'n hen law arni erbyn hyn 'sti. Ar ddathlu Dolig Blodeuwedd.

Dan: Ody Meinir wedi cysylltu â ti?

(Saib)

Ody hi?

Eira: Nac'di. Pam fasa hi?

Dan: Fe ofynnodd hi a o'n ni wedi bod yn gweld 'yn gilydd.

Eira: Wel wir, dyna be' ydi newid y tirlun, 'nte? Gweld 'yn gilydd, ia? Dim gweld o bell.

Dan: Na gweld â gwg.

Eira: Gweld 'yn gilydd. Dyna'i hunion eiria hi? Lledneisair nodweddiadol o wraig gweinidog, debyg! A be' oedd ateb llednais y Parchedig, sgwn i? Ddaru ti ddeud dy fod ti wedi trio dy ora, ond wedi methu?

(Saib)

Naddo mwn. Wn i'n iawn be' mae'r llygada 'na'n ddeud. Mai arna i oedd y bai. Ddeudist ti hynny wrthi mae'n siŵr. Ac ella dy fod ti'n credu hynny. Credu nad dy Sul prawf di oedd o wedi'r cyfan, ond f'un i! Dyna pam y doist ti heibio heno, ia? I roi prawf arall arna i. Pryd wyt ti isio trio? Cyn neu ar ôl swpar? Dwi isio gwbod cyn cychwyn paratoi oherwydd lasa ni ddifetha pryd arall. Mi oedd y cinio eildwym braidd yn ddiflas, 'toedd? A deud y gwir, fatha chditha yn gwely.

(Saib)

Syfr-Dan!

(Saib)

A be' 'di ystyr y golar 'na? 'I gwisgo hi gyda'r nos yn unig fyddi di, neu be'? Ond ddaru ti ddim 'i rhoi hi ar gyfar yr oedfa hwyrol bythefnos nôl chwaith . . . Mae'n flin gen i fynnu dŵad i honno, ond mi o'n i isio clywed be' oedd dy destun di a ballu. Ond mi ges i'n siomi'n fawr.

Dan: Pam?

Eira: Ddaru ti'm trafod 'godineb'.

Dan: A fe fyddet ti wedi ishte'n esmw'th yn dy sêt, wrth gwrs.

Eira: Cyt ddy crap, Barchedig. O'n i'n credu mai dyna oedd prif bwrpas pob pregath. Anesmwytho'r saint yn 'u seddi.

Dan: Dim pob un. Ma' 'na . . .

Eira: Ac anesmwytho'r pregethwr 'i hun hefyd. Hynny yw, os ydi o'n credu 'i fod o'n un o'r gynulleidfa. On'd ydi honno wedi bod yn un o egwyddorion yr Annibyns o'r cychwyn cynta? O dy Ogo Cwmhwplin di i lawr bob cam at dy gapal Calfaria di heddiw?

Dan: Ambell waith, ma' pregeth fod cysuro pobol. 'U calonogi nhw, a rhoi gobeth 'ddyn nhw.

Eira: Be'? 'U hannog nhw i gau'r llenni, ia? A'u twyllo nhw i anghofio fod 'na uffern allan yn fan'na. A'u bod nhw'n aml yn gyfrifol am 'i chreu hi, ac am luchio pobol i'w chanol hi.

Dan: Dim 'na beth o'dd 'da fi.

Eira: Be' 'ta?

Dan: Damo! Pam ddiawl ma'n rhaid i ni ga'l dadl ddiwinyddol!

Eira: Oherwydd nad dydw i'm isio cau'r llenni.

Dan: Gronda . . .

Eira: Dwyt ti'm yn gweld? Ma' 'na gornel o dy fywyd di, na fedri di ddim sôn amdani, 'toes? Ar hyd y blynyddoedd ti 'di bod mor ddig'wilydd â gweinyddu mewn priodasa, yn annog y priodfab i addunedu pob dim i'w annwyl briodferch. A be' oedd pwnc dy bregath di nos Sul y prawf? Rhagrith! Condemnio rhagrith fel y pechod mwya sy'n bod. A thitha i fyny'n dy bulpud yn ymgnawdoliad ohono!

Dan: A sdim bripsyn ohono fe'n perthyn i ti.

Eira: Gwranda di arna i Dani Boi. Chdi sy' wedi dringo i'r pulpud i rygnu ar ragrith. Chdi ydi'r diwinydd a'r bugail eneidia. Chdi ydi'r Parchedig yn dy goler wen gron. Dy faes di ydi moesa ac egwyddorion. Stwffio egwyddorion rhesymeg i benna myfyrwyr ydi ngwaith i. Y cyfan dwi'n annog 'y nghynulleidfa i' neud ydi rhesymu a rhesymoli'n glir.

Dan: Wel, ma' dy resymeg di'n glwc iawn.

Eira: Sut hynny?

Dyn: Un funud, wyt ti'n 'y marnu i am beido pregethu'n erbyn godineb, a'r funud nesa yn 'y nghyhuddo i o gondemnio rhagrith.

Eira: Haniaeth Daniel. Ma' hi'n ddigon hawdd trafod haniaeth. Ail gylchu haniaetha wyt ti wedi neud rownd y rîl. Wyt ti erioed wedi darllan Y Deg Gorchymyn yn gyhoeddus? Ydi'r geiria 'Na wna odineb' wedi dod dros dy wefusa di o bulpud yn ystod y chwartar canrif? . . . Wel?

(Saib)

'Na' ydi d'atab di, ia? Iawn. Taswn i'n teimlo fel bod yn garedig, laswn i gydnabod bod hynny, ar ryw olwg, yn arwydd o onestrwydd. Ond mewn gwirionedd, arwydd o lwfdra ydi o! A dyna'n union oedd pwnc dy bregath gymun di yn y diwadd. Llwfrda! Llwfrda'r disgyblion pan oedd Iesu ar 'i ffordd i'w Golgotha.

(Saib)

Ddaru mi ddim clywad gweddill dy bregath di. Ti'n gwbod pam? Mynd i berlewyg breuddwyd ddaru mi. Allan yn fan'cw oeddwn i, yn Ogo'r Cariadon, y tu fewn i'n Golgotha ni . . . Ella basat ti fod wedi cael gwell hwyl yn fan'no na ddaru ti yn 'y ngwely i. Mi ddaru 'nychymyg i redag ar garlam. Y ddau ohonon ni'n glafoerio cydadrodd, 'Praise the Lord we are a musical nation!' Waw! A wst ti be? Pan ddaru'r Ysgrifennydd roid y matar gerbron y Cwrdd Eglwys ar ôl i ti fynd, mi gafwyd pleidlais unfrydol o dy blaid di. Do. Mi ddaru Eira Logic godi'i llaw.

(Saib hir. Eira yn arllwys diferyn arall o gin gan roi tonic arno. Dan yn tano sigaret. Eira yn estyn blwch llwch.)

Eira: Sut ddaru dy Feinir glywad amdanon ni?

Dan: Ffrind, medde hi. Ballodd hi weud pwy.

(Saib)

'Na ti beth od ontefe?

Eira: Be'?

Dan: Bod bobo ffrind 'da chi. Falle taw'r un un yw hi. Ma' hynny'n bosib, on'd yw hi? Ma'r byd yn fach, os gwedon nhw.

Eira: A Chymru'n llai.

(Saib)

Pam wyt ti'n credu mai dynas ydi hi? Am na fasa dyn byth yn bradychu dyn arall? Rhwng dynion, solidariti ydi hi, 'nte? Fath â'r Seiri Rhyddion. Ond mi wyt ti'n ffieiddio'r rheini, medda chdi. Gyda llaw, fyddi di'n deud hynny o'r pulpud? Cofia fod Ysgrifennydd Calfaria yn un ohonyn nhw. Ta waeth am hynny, solidariti ydi hi. Fasa dyn ddim mor dan-din â bradychu dyn arall wrth ddynas. Bechod na fasa Judas yn ddynas, 'nte? Mae o wedi drysu dy ddiwinyddiaeth fach fatsho batrïarchaidd di, 'ntydi?

Dan: Wel y myn yffach i! Ma' dy resymeg di'n mynd yn fwy clwc bob eiliad!

Eira: Ond 'Fo' ydi Duw . . . a Iesu Grist. A Phedr a'r

Apostol Paul. A be' oedd Y Forwyn Fair? Dim ond llestr. Byd bach dynion ydi dy fyd di Dani Boi! Dyna fu, dyna fydd o. Byd lle bydd gin ddyn yr hawl i ddefnyddio dynas fel doli glwt. Wedyn, yn y cylchoedd cinio bondigrybwyll a Gorsedd y Beirdd, winc-winc ydi hi, 'nte? A'r cyfan 'da ni'n da ydi cymryd rhan yn nawns y blydi bloda.

Dan: Sawl dyn wyt ti wedi'i nabod?

Eira: Gormod!

Dan: So ti'n meddwl falle bod un dyn mas fan'na'n rhywle alle newid dy feddwl di?

Eira: Nac'dw.

Dan: O! Wyt ti'n cefnu ar resymeg y bola buwch, 'te.

Eira: Nac'dw.

Dan: Ond 'na beth o'dd dy ddadl di pwy ddwyrnod.

Eira: Ty'd o'na. Tynnu dy goes di o'n i, siŵr. Ma' gen ti ryw grap ar egwyddorion rhesymeg, decini. Fedr neb meidrol fynd i bob bol buwch. Felly mae'n rhaid anwytho, 'toes?

Dan: Beth?

Eira: 'Anwytho'. Tynnu casgliad cyffredinol oddi wrth enghreifftia neilltuol, o'i gyferbynnu â 'didwytho', sef tynnu casgliad neilltuol oddi wrth y cyffredinol. Felly, bob tro y bydda' i'n sbio ar ddynion, mi fydda i'n anwytho, sef tynnu casgliad cyffredinol oddi wrth enghreifftia neilltuol. Dull o resymegu digon dilys, Dan bach. Ffordd o resymoli sy'n 'yn cadw ni rhag gwallgofi.

Dan: A wy'n un o'r rheini.

Eira: Pwy?

Dan: Un o'r enghreifftie neilltuol.

Eira: Wyt. Ac un o'r rhai cynhara hefyd, os nad y cynhara. Doeddwn i ddim wedi cyboli fawr ddim cyn mynd i'r coleg. Mi o'n i'n wyry, 'ntoeddwn?

(Saib)

Toeddwn?

(Saib)

Ydi'r gath yn dal gin ti?

(Saib)

Mae gin ti rywun i rannu'r twrci efo hi, 'lly. Dwi'n cymryd fod Meinir wedi gadael y twrci ar ôl i ti. Bechod! Dan druan wedi'i adael heb neb ond y gath i ddathlu'r Dolig efo hi! Mi ddaru Meinir gael Dolig tebyg unwaith on'd do?

(Saib)

On'd do?

Dan: Beth ti'n feddwl?

Eira: Mi oedd Lloyd efo hi, ond mond rhyw ddwyflwydd oedd o.

Dan: Shwt wyt ti'n gwbod . . . ?

Eira: Gadael dy ginio Dolig a mynd at dy fodan. Godinebu weddill yr ŵyl a chydol San Steffan. Twyllo Lloyd bach. Mi oedd gin Siôn Corn alwada pellach, 'ntoedd? Wedi dŵad â'i degan, mi oedd gynno fo bob hawl i fynd at 'i degan . . .

Dan: Pwy wedodd y stori 'na 'thot ti?

Eira: Wyt ti'n 'i gwadu hi?

Dan: Pwy wedodd hi?

Eira: Dwi'n gwbod pwy oedd y fodan hefyd. Mrs Judy Bowen.

Dan: A! Honno yw'r ffrind, ife?

Eira: Naci, siŵr. Faswn i'm yn 'i nabod hi. Ond oeddat ti'm yn claddu'i gŵr hi wsnos dwetha? Sut aeth y cynhebrwng, gyda llaw? Ddaru ti osgoi defod y iorwg? A sut mae Judy bach yn ymgodymu â bod yn weddw? Fydd hi ar 'i phen 'i hun dros y Dolig sgwn i? Fasa gynni hi le yn y llety? Ond mi fydd hi'n iawn, debyg, oherwydd maen nhw'n deud fod y Seiri Rhyddion yn gofalu am 'u gweddwon. Ac eto, fedran nhw, hyd yn oed, ddim dofi unigrwydd.

(Saib)

Lle oedd Mr Bowen y Dolig hwnnw? Oedd gynnno fo ryw Judy bach arall i fynd ati?

(Eira yn mynd at y goeden ac yn gosod rhai addurniadau chwanegol arni)

Eira: Meddylia fod gin i goedan o Fforest Brechfa!

Dan: Shwt alli di fod yn siŵr o 'nny?

Eira: Dyna ddeudodd o. A sgin i'm rheswm i ama'i air o.

Dan: Weden i bo' fe.

Eira: Pam?

Dan: Dyn o'dd e.

(Saib)

(Eira yn dala i osod yr addurniadau. Yna, golau'r goeden yn diffodd.)

Eira: Damia! Be' 'di'r matar rŵan, sgwn i?

(Eira yn ceisio adfer golau, ond yn afraid.)

Eira: O! Wel, mae'n flin gin i, Barchedig, ond ma' hi wedi mynd yn fagddu ym Mrechfa . . .

(Saib)

Ond 'na fo, mi wyt ti'n hen gyfarwydd â bod yn fan'no. Yn y fagddu ym mherfeddion fforest Brechfa, 'ndwyt? Yn anwytho ac yn didwytho yn ôl y galw. Hei! Be' am fynd am dro yno rŵan? Ond cofia, chdi fydd yn gyrru. Chdi fydd yr anwythiad a'r didwythiad . . .

(Eira yn llyncu ei gin ac yn mynd i'r hatsh i arllwys un arall)

Eira: Wel? Be' ti'n ddeud? Brechfa awe? Neu fasa'n well gin ti chwara adra? A deud y gwir, dyna fasa ora gin i hefyd. Ma'n nhw'n addo eira, 'ntydan? Be' tasan ni'n methu dŵad odd' 'no? 'Na ti sgandal fasa honno! Mi fedra i weld y pennawd yn Y Cymro rŵan. Dan Eira!

(Saib)

Dwi am roi anrheg i mi'n hun 'Dolig. Ci. Dwi 'di trefnu mynd i'r cenels fory. Ma' 'na St Bernard amddifad yno'n disgwyl amdana i. Y ci 'ma wsti sy' efo casgan yn hongian am 'i wddf, ac yn dal i ddŵad a dŵad drwy'r eira. Ci ffyddlon, ci cysur, ci cyffur, ci mwytha . . .

Dan: Wy'n gwbod pwy yw'r ffrind.

Eira: Ddaru ti ofalu fod gin y gath fwyd? Ond pam na fasa Meinir wedi mynd â hi? A! Wn i! Fasa Lloyd bach ddim yn medru'i diodda hi. Trwyn 'i dad gynno fo, ia? Bechod! Mae o'n fab 'i dad mewn mwy nag un ystyr, 'lly.

Dan: Glywest ti?

Eira: Dyna fydd 'ych gweinidogaeth chi bellach, Barchedig. Gwarchod y gath! Cathod ella! Be' am agor y drws i rai strae'r dre? A mynd allan i'w bwydo, fel 'roedd Ezra Pound yn arfar â gneud yn Rapallo. Mynd allan efo'i bocedi'n llawn dop o esgyrn a sbarion cig. Ond be' oedd yn rhyfadd oedd 'i fod o'n gneud hynny er nad oedd o'n hoffi cathod. Byth yn rhoi mwytha iddyn nhw. Erioed wedi cadw cath 'i hun, ac eto . . .

Dan: Glywest ti . . . ?

Eira: Felly, does dim rhaid i ti hoffi cathod. Sbia arnyn nhw fel rhai sy' wedi cael cam. Y gorthrymedig rai. Ac yna, mi fydd d'anian Gristnogol di'n dy yrru di allan i'r priffyrdd a'r caea i achub cam holl gathod yr ardal. Heb anghofio, dy gath di dy hun, siŵr iawn.

Dan: Hi yw hi, ontefe? Hi yw'r ffrind. Meinir. Ma' stori'r Nadolig 'na wedi profi'r peth. Heb sôn am fusnes yr antïod.

(Saib)

Odw i'n iawn? 'Na'r unig gasgliad posib, ontefe? Beth alwest ti fe? Didwythiad?

Eira: Naci. Dadrithiad.

(Saib hir)

Dan: Shwt ar y ddaear y'ch chi'ch dwy'n ffrindie ar ôl yr holl gwmpo mas?

Eira: 'Dan ni'n ddigon o ffrindia i mi wbod na ddaru hi ddim sôn amdanon ni yn gweld 'yn gilydd.

(Saib)

(Eira yn cymryd cipolwg sydyn trwy lenni'r ffenest)

Dan: Ers pryd y'ch chi'ch dwy'n ffrindie?

Eira: Dyddia coleg, siŵr iawn. Mi ddaru ni rannu stafell, on' do?

Dan: Nage! Ers pryd ar ôl y cwmpo mas?

Eira: Nid pryd, ond pam.

Dan: O'n i'n mynd i ddod at hwnnw.

Eira: Ty'd at hwnnw gynta, Barchedig. Pam ddaru ni'n dwy ddŵad nôl yn ffrindia? Chdi. Chdi oedd achos y rhwyg rhyngon ni. Ond chdi hefyd oedd achos 'yn dŵad â ni nôl at 'yn gilydd. Rasputin! Wyt ti'n gwbod fod Meinir yn awdurdod ar hwnnw? Toedd hi ddim ar y cychwyn, ond mi ddaru hi ddŵad i' nabod o'n ara deg. Hyd yn oed chwerthin am 'i ben o ambell dro. Difyr, 'nte? Cofia, doedd hi'm yn chwerthin pan ddaru ni'n dwy gwarfod cwta dwy flynadd ar ôl i chi briodi. Dynas wedi'i brifo oedd hi bryd hynny, ac isio rhannu'i phryder efo rhywun. Efo fi hyd yn oed! Fi o bawb! Ond dyna fo, mi oedd hi dan deimlad.

(Saib)

Mi oedd hi newydd glywed fod 'i pharchus arswydus ŵr wrthi'n godinebu.

(Saib)

Cofio am fynegbost Brechfa wnes i. A'r cyfamod.

(Saib)

Wedyn, mi benderfynon ni gadw cysylltiad. A thros y blynyddoedd, 'dan ni wedi llwyddo i wneud hynny. Hyd yn oed wedi cael gwylia sgio efo'n gilydd.

Dan: Ti'n 'u rhaffo nhw nawr.

Eira: Nacdw, Daniel. A bron bob tro oeddan ni'n cwarfod,

mi oedd gynni hi stori am ryw ddynas newydd yn dy hanas di.

Dan: Sa i'n dy gredu di, achos fe fydde hi wedi 'ngadel i ers blynydde. A wedi codi'r mater 'da fi.

Eira: Dwyt ti'm wedi'i nabod hi, 'lly. Does dim byd yn anos na pheidio â dy dwyllo dy hun – Wittgenstein.

Dan: Paid â dechre towlu dy ddarlith ata i.

Eira: Mi oedd Wittgenstein yn gwbod am fol buwch yn well na neb. Cnoi cil fu'i hanas o gydol 'i fywyd. Neu gael 'i gnoi fel cil. 'I daflu'i hun i'r tywyllwch i chwilio am oleuni! Ta waeth, mi ddaru ni dy ail fedyddio di yn Rasputin. Fi ddewisodd o. Da, 'ntoedd? 'I gwlt o oedd yn credu mewn trythyllwch, 'nte? Credu bod rhaid i ti bechu cyn cael dy achub. Crefydd gyfleus iawn iddo fo, ac i chditha!

Dan: Doniol iawn.

Eira: Ydi, mae o, 'ntydi? Wyddost ti be' oedd 'i bregath fawr o? 'Redemption through sexual release'. Mae'n flin gen i 'i ddyfynnu fo'n Saesneg, ond 'na fo, sawl tro dwi wedi clywed pregethwyr Cymraeg yn dyfynnu Barth a Bonhoeffer yn Saesneg?

(Saib)

Pam ddaru hi d'adael di heddiw?

Dan: Minda dy fusnes. Reit. Ble ma' nghot i?

Eira: Lle ti'n mynd?

Dan: O 'ma.

Eira: Pam?

Dan: Diolch i ti am y coffi.

Eira: Ond Daniel bach!

Dan: Sdim pwynt, o's e?

Eira: I be'?

Dan: Wy'n mynd . . .

Eira: Faswn i'm yn mentro.

Dan: Pam?

Eira: Sbia drwy'r ffenast.

(Dan yn rhuthro i syllu drwy'r llenni)

Eira: Wedi dŵad fel lleidr yn y nos.

(Eira yn arllwys gin arall gan wacáu'r botel y tro hwn)

Eira: Be' 'nei di rŵan? Ma' gin ti gan milltir.

Dan: Alla i fynd trw' hwnna. 'Mond haenen sy' 'na 'to.

Eira: Be' am Y Bannau? Mi fentra i y bydd hi wedi lluwchio ger Storey Arms.

(Saib)

'Na fo, tria di, os wyt ti isio . . . Ond mi fasa'n biti hefyd. Tlws, 'ntydi? Mor bur, mor lân, nes bo' rhywun yn 'i dreisio fo.

(Saib)

Taswn i'n credu mewn Duw, mi fasa'n rhaid i mi gyfadda fod gynno fo un synnwyr yn fwy na'r cyffredin. Digrifwch. Yn gorfodi'i gennad i fynd drwy'r ddrycin!

(Saib)

Yli! Dwi newydd gael syniad! Mi gei di fenthyg 'yn sgis i! Liciwn i weld Dan ar y piste, yn fflio heibio i

Golgotha, fel cath i gythral! Ond 'i broblem fawr o fasa gwbod sut i stopio, oherwydd dyna fu'i hanas o erioed.

(Saib)

Pam ddaru hi fynd heddiw sgwn i? Ga i ddyfalu?

Dan: O'dd hi'n gwbod amdanon ni.

Eira: Rhyw ddidwythiad bach sy' angan, rŵan 'nte? Dim anwythiad. Faswn i'm yn 'i drystio fo yn y cyswllt hwn.

Dan: Ma' hi wedi dy ffono di heddi, on'd yw hi? Cyn i fi gyrra'dd.

Eira: Fel oeddat ti'n cyrraedd, a deud y gwir.

Dan: Ond wedest ti ddim bo' fi ar 'yn ffordd.

(Saib)

'I galw hi'n ffrind wir! Dy elyn penna di fuodd hi ar hyd y blynydde. 'Nest ti byth fadde iddi am 'y nwgyd i, do fe? Am fynd â fi i'r gwely o dan dy drwyn di.

(Saib)

A byth ar ôl 'nny, wyt ti wedi bod yn disgwl dy gyfle i ddial. A fe welest ti dy gyfle bythownos nôl. O'dd 'y ngha'l i i'r gwely yn ergyd yn 'i herbyn hi, on'd o'dd hi?

Eira: Fyddi di'n dal i ddawnsio?

Dan: Pam na wedest ti wrthi beth ddigwyddodd fan hyn? Y'ch chi bown' o fod wedi ffono'ch gilydd dros y pythownos dwetha 'ma. Esgus bod yn glust iddi 'nest ti ar hyd y blynydde, ond ers pythownos, yn cadw yr un peth tyngedfennol i ti dy hunan. 'Na ti enghraifft berffeth o ragrith, a hwnnw wedi mynd yn rhemp 'fyd . . . yn rhedeg fel gwenwn trw' dy wythienne di.

Eira: Daniel, ma' gen i yffar' o gyfaddefiad.

Dan: Ie?

Eira: Dydi'r goeden 'na ddim o Fforest Brechfa. Waeth i mi fod wedi cael un blastig ddim. Dwi'n credu mai smalio wna i. Sgin i ddim i' golli. Smalio 'i bod hi wedi dŵad bob cam o Brechfa. Tasa hi'n dal yn 'i chynefin, mi fasa hi'n dlws iawn rŵan, on' basa? Fel priodferch wedi'i thrwsio i'w gŵr.

(Eira yn gosod ei gwydryn o'r neilltu, yn mynd ato ac yn rhoi ei breichiau am ei wddf)

Eira: Ty'd o'na. Be' wyt ti? Dyn eira? Ty'd Dan bach. Be' am fod yn Dan Deimlad?

Dan: O's potel arall 'da ti?

(Yn sydyn, Eira yn rhwygo'i goler yn rhydd ac yn symud oddi wrtho. Dan yn gafael yn boenus yn ei wddf.)

Dan: Yr ast fach! Pam 'nest ti 'nna?

Eira: Mi ddylwn i fod wedi'i neud o flynyddoedd yn ôl. Cyn i ti fynd i afa'l y rhagrith ddiawl ddaru dy lygru di o'r cychwyn. Wyt ti'n cofio'r noson pan ddeudist ti 'tha i dy fod ti'n mynd i briodi Meinir? Wnest ti'm deud pam. Ddaru ti'm deud mai gorfod priodi o'ch chi oherwydd bod Lloyd yn 'i chroth hi. Gorfod, er mwyn cadw dy barchusrwydd – un o gymwystera bod yn weinidog yr efengyl.

(Exit Dan i'r gegin i agor drysau cypyrddau)

Eira: Nid caru Meinir o't ti, ond dy garu di dy hun! Caru dy ddelwedd . . . caru dy blydi golar!

(Eira yn lluchio'r goler. Dan erbyn hyn wedi gwylltu'n lân

ac wrthi'n gwacáu'r cypyrddau . . . Sŵn gwydr yn torri. Exit. Eira i'r gegin . . .)

Eira: Paid! Dan! Paid! Paid â malu 'nghegin i!

Dan: Dangos i fi ble ma'r botel 'na, 'te! 'Mond un diferyn!

(Enter Dan. Eira yn gafael mewn brwsh a phan i godi'r darnau. Dan yn tano'r sigaret olaf o'r pacyn. Eira yn gwaredu'r darnau. Enter Eira.)

Eira: A be' fydd gorchest nesa'r Parchedig? Cerddad ar ddŵr? Neu 'i droi o'n win?

(Saib)

Neu be' am fynd allan hefo'n gilydd, i dreisio'r tirlun? Mi fasa honno'n weithred symbolaidd, on' basa? Yn well na malu cegin rhywun.

Dan: Ma'n ddrwg 'da fi.

Eira: Be'?

Dan: Ma'n ddrwg 'da fi.

Eira: Dan yn diferu o edifeirwch!

(Dan yn rhythu arni'n gwenu arno. Yn sydyn, Eira yn mynd at y goeden i godi'r parsel. Y goeden yn goleuo.)

Eira: O! Felly ma' 'i dallt hi! Be' 'nei di o hynna, Dani? A hyn fydd arwydd i chwi? Mae o'n dal i ddefnyddio'i synnwyr digrifwch, mae'n amlwg! Mae o a'i ddeiliad ar yr un donfadd. Diolch i Ti. A diolch hefyd ar ran yr anghredadun sydd yma hefo ni heno.

(Eira yn estyn y parsel i Dan)

Eira: Nadolig Llawen.

(Saib)

Be' sy'? Dwi'n cyfadda nad chdi oedd fod 'i chael hi, ond waeth i ni newid y tirlun rŵan, 'nte? Wel? Wyt ti am 'i chym'yd hi?

Dan: Nadw.

Eira: Ty'd o'na!

Dan: Na. O'dd rhywun fod ca'l honna, meddet ti.

Eira: Ond be' os bydd yr un oedd fod 'i chael hi am 'i rhannu hi efo chdi?

(Eira yn dad-barselu'r botel gin)

Eira: 'I lapio hi i mi fy hun ddaru mi. Gwirion, 'nte? Ond faswn i'm yn cael hon gin neb arall. Felly, pam ddim?

(Exit Eira i'r gegin i arllwys dau wydraid yn yr hatsh)

Dan: Sa i'n moyn e.

Eira: Pam? Ydi'r blys wedi diflannu? Sgersli bilif. Tasat ti yn mynd odd' 'ma y peth cynta' fasat ti'n neud fasa chwilio am offleisans, 'nte? Felly, waeth i mi 'i roi o i ti ddim.

Dan: Dim diolch.

Eira: Cymer o fel phisyg. Mi wna i'n siŵr na chei di'm gormodadd ohono. Mi fydda i yma i gadw rheolaeth.

(Enter Eira)

Eira: Tasat ti'n cael gafael ar botal ar dy ben dy hun rŵan, mi fasat ti'n 'i hyfed hi ar 'i phen, on' basat? Fel dwi'n dallt i ti neud droeon yn ystod y misoedd diwetha 'ma.

(Dan yn rhythu arni, a hithau'n estyn y gwydraid iddo, ond yn afraid)

Eira: Olreit 'ta, mi smaliwn ni 'i fod o'n win cymun. Wedi'r cyfan, ma' hi yn swpar olaf arnon ni, 'ntydi? Be' ydi fformiwla'r Annibyns wrth fwrdd y cymun? 'Y mae croeso i bawb sy'n credu yn yr Arglwydd Iesu Grist, gyfranogi o'r cymundeb hwn.' Ty'd. Ma' dy gynulleidfa di'n disgwyl. Ond hwyrach fod angan newid y fformiwla arnon ni'n dau heno. Y mae croeso i bawb sy'n credu yn Judas Iscariot . . . Oherwydd 'i ysbryd o sy'n cyniwair yma rŵan.

Dan: Do'dd e ddim yn bod.

Eira: Be'?

Dan: Bod chwedlonol o'dd Judas, dim person cig-a-gwâd.

Eira: A chwedl oedd brad y gusan yn yr ardd? Wyt ti o ddifri? Chlywish i mohonot ti'n deud hynna'n y cymun prawf. Wyt ti wedi'i ddeud o erioed . . . yn gyhoeddus, 'lly? I ddeud o wrth y saint?

(Saib)

Nag wyt mwn. Ty'd. Mi yfwn ni i lwfdra. Er coffa am lwfdra . . . a brad, a thorri cyfamod.

(Dan yn estyn ei law ac yn cymryd y gwydryn)

Eira: Iechyd da, Barchedig!

Dan: A beth am dwyll?

Eira: Be'?

(Yn sydyn, Dan yn lluchio'r gin i'w hwyneb)

Dan: A dialedd!

(Saib)

(Eira yn sychu'i hwyneb â'i llaw, cyn rhoi'i gwydryn o'r neilltu)

Eira: Dy gusan di oedd honna?

(Exit Eira i'r llofft. Dan yn arllwys gwydryn ac yn ei yfed ar ei ben, cyn ail lenwi ei wydr . . . Enter Eira wedi newid ei blows)

Eira: Yfed ar dy ben dy hun, ia?

(Nid yw Dan yn ymateb. Eira yn cil-edrych trwy lenni'r ffenest)

Eira: Golgotha Antartica . . . Waeth i mi hwylio rhyw damad o swpar ddim.

(Exit Eira i'r gegin)

Eira: Ma' arna' i ofn na chei di'm mo'r goes twrci. Mi dwi'n cadw honno ar gyfer Blodeuwedd. Rhwbeth o'r rhewgell. Wn i be' sgin i. Un o dy ffefrynna di. O leiaf, 'dan ni'n nabod yn gilydd yn well 'na'r pâr 'na ym Mangor, stalwm, 'ntydan?

(Eira yn dangos pacyn o ffagots a phys drwy'r hatsh)

Eira: Ffagots a phys? Iawn? Petha diarth oedd y rhain yn y Gogladd, 'sti. Ond dwi 'di deud hynna wrthat ti o'r blaen, debyg.

Dan: Do. Gwarter canrif nôl. A sa i'n moyn nhw.

(Eira yn dychwelyd y pacyn i'r rhewgell)

Eira: O wel, 'na i'm 'u sglaffio nhw ar fy mhen fy hun.

(Enter Eira)

Eira: Bechod am y gath druan. Sgynni hi gatfflap? Ond 'na fo, ella 'i bod hi fath â Storey Arms yn fan'no erbyn hyn. Wnaiff hi gachu ar y carpad?

(Saib)

Wel, be' arall wyt ti'n cofio ers chwartar canrif?

(Saib)

Oes gen ti lunia ohono i o hyd? Ma' gen i rai ohonon ni'n dau. Mi ddaru Bleddyn ddŵad o hyd iddyn nhw rywdro . . .

Dan: Pwy?

Eira: 'Y ngŵr i. Ddaru o holi 'mherfadd i. Yn enwedig pan welodd o'r un efo ti â dy law ar 'y mron. Ti'n cofio hwnnw? Clarach o'n ni, dŵad? Dig'wilydd, 'ntoeddat? 'Nenwedig o gofio pwy dynnodd o!

Dan: Pwy?

Eira: Dy Feinir siŵr! Mi oedd hi wedi dŵad efo ni am y pnawn. Dwi 'di cadw pob dim, 'sti. Pob llythyr. A'r dyddiaduron i gyd. Ar gyfer yr hunangofiant. Dwi am ddechra sgwennu fory.

Dan: So hwnnw byth yn dod.

Eira: Nac'di.

(Saib)

Oeddat ti fod pregethu adra fory?

(Saib)

Wyt ti isio ffonio rhywun? Gen ti reswm da. Eira wedi dy rwystro di!

(Saib)

Ti isio gweld y llunia? Neu be' am dy lythyra caru? I ti gael d'atgoffa o'r petha mawr oeddat ti'n ddeud wrth dy 'Eira fach', chwedl chditha. A be' ddigwyddodd i'n llythyra inna? Cael 'u llosgi mwn. Mi fydd 'na fwlch mawr yn dy hunangofiant di. Ddaru ti gadw'i llythyra hi? Mi oeddat ti'n cael rhai gynnon ni'n dwy am sbelan, 'ntoeddat? Sut o't ti'n 'i chyfarch hitha? 'F'anwylaf'. . . ?

Dan: O's rhaid i ni 'neud niwed i'n gily' fel hyn?

Eira: Oes. 'Ntydan ni'n dau wedi'n tynghedu i hynny? 'Dan ni 'nghlwm wrth yr un gorffennol. Wedi'n clymu wrth yr un tennyn am byth. Does dim dianc rhagddo. Y peth 'dan ni wedi'i rannu ddoe, mae o wedi'n clymu ni heddiw, ac mi fydd yn 'yn clymu ni tra fyddwn ni. Ac i'r naill na'r llall, does na'm drws ymwared. Does na'm hyd yn oed gatfflap, Dan bach.

(Saib)

Fedrwn ni'm dileu be' ddigwyddodd rhyngon ni chwartar canrif yn ôl.

Dan: Ond ddigwyddodd dim byd.

Eira: Mi roist dy law ar 'y mron i, Dani Boi. Ond chwara plant oedd hynny o gymharu â be' ddigwyddodd wedyn.

Dan: Beth ti'n feddwl?

Eira: Yr ysfa i fynd i fforest Brechfa. Mi ddigwyddodd honno, on'd do? I mi ac i chdi.

(Saib)

Yr eironi ydi, taswn ni wedi diwallu'r ysfa honno, ma' hi'n bosib y basa hi wedi cael 'i dofi, a hyd yn oed 'i diffodd. Ond gan na ddigwyddodd hynny, cryfhau ddaru hi. Ac ar y Sul prawf mi ddringodd y siwt M & S i fyny'r grisia.

Dan: I ddiwallu dy ddialedd di.

(Saib)

Ma'n ddrwg 'da fi.

Eira: Na. Marcia llawn, Barchedig. Talu'r pwyth. Dial ar Meinir am dy hudo di o 'ngafael i. Dial ar y rhagrith oedd wedi dy hudo chditha. Fasat ti'm yn medru dringo grisia dy bulpud tasat ti wedi bod yn onest pan ddeudodd hi bod Lloyd yn 'i chroth hi.

(Saib)

Ma' eira'n tirlun bach ni wedi'i ddifwyno am byth. 'Dan ni wedi'n tynghedu i ymdrybaeddu'n y slwj.

(Dan yn yfed ac yn gwacáu ei wydr . . .)

Dan: Ga i un arall?

Eira: Dwi'n 'i rhannu hi hefo ti, 'ntydw?

(Dan yn mynd i'r hatsh i arllwys gin iddo'i hunan)

Eira: Dwyt ti byth wedi deud wrtha i pam ddaru Meinir d'adael di heddiw.

Dan: 'Na un peth na alle hi ddim gweud 'thot ti.

Eira: Pam?

Dan: Achos bod hi wedi neud rhwbeth anfaddeuol.

Eira: Be', 'lly?

Dan: Gweud wrth Lloyd bo' fi wedi treial 'i ladd e .

Eira: Be'?

Dan: Bo' fi wedi treial 'i pherswado hi i ga'l gwared ohono fe. 'I erthylu fe.

(Saib)

Anghofia i byth edrych iddi lyged e. Fel edrych i lyn o dristwch diwaelod. Wy 'di'i golli fe am byth. A 'na'n gwmws beth o'dd hi'n moyn.

(Saib)

Yffarn dân! Faddeuith e byth i fi.

Eira: Ti wedi madda i chdi dy hun, debyg, neu fasat ti ddim wedi medru byw'n dy bulpud ers chwartar canrif. Ond be' 'nei di rŵan, pan ddoi di i dy bulpud newydd? Be' fydd gen ti i'w ddeud wrth Galfaria heb dy Feinir a heb dy fab?

Dan: Sa i'n dod i Galfaria.

Eira: Be'?

Dan: Fydda i ddim yn mynd i bwlput byth 'to.

(Saib)

Hapus nawr?

(Saib)

Wyt ti 'di ca'l siom yn'di hi, on' wyt ti? Bod hi'm wedi sôn 'thot ti am fusnes yr erthyliad.

(Saib)

Beth glwmodd 'i thafod hi o'dd cenfigen.

Eira: Duwcs! 'Dan ni'n rhestru'r pechoda marwol i gyd heno, 'ntydan? Be' wyt ti'n feddwl 'cenfigen'? At bwy?

(Dan yn mynd i ail lenwi ei wydr)

Eira: Rho lonydd i hwnna!

(Eira yn mynd ato ac yn cipio'r botel o'i afael a'i rhoi ar y ford fach . . .)

Eira: Ti 'di cael mwy na digon yn barod. Mi oedd y diferyn cynta'n ormod mae'n amlwg.

Dan: Pwy yffach ti'n meddwl wyt ti? Un o'r Samaried?

Eira: 'U gwaith nhw dwi 'di neud heno, 'nte? Rhoi mwytha i ddyn bach ar ben 'i dennyn. Rhoi lloches iddo rhag y ddrycin.

(Dan yn rhoi ei fys at ei dalcen)

Dan: Fan hyn ma'r ddrycin! A ti sy' 'di chreu hi. Ti yw'r ddrycin. Ti o'dd hi, o'r dechre'n deg . . . Yffarn dân! So ti'n sylweddoli pam o'n i'n moyn iddi ga'l erthyliad? Achos bo' fi'n dy garu di.

(Saib)

'Na pam 'na'th hi'm gweud 'thot ti. Ti o'n i'n moyn. Ti o'n i'n moyn briodi. A o'dd hi'n gwbod 'nny.

Eira: A tasat ti wedi 'mhriodi i, mi fasa'r briodas wedi'i seilio ar erthylu dy fab. Ar 'i aberthu o . . . ar 'i ladd o.

(Saib)

A be' oedd wedi'i genhedlu o? Os wyt ti'n deud y gwir dy fod ti'n 'y ngharu i ar y pryd, be' oedd wedi'i genhedlu o? Be' arall ond chwant y cnawd?

Dan: Sa i'n credu bod hawl 'da ti o bawb edliw hwnna i fi.

Eira: Pam? Wyt ti'n credu am foment mai chwant y cnawd ddaru beri i mi dy hudo di i'r gwely? A dy hudo di dwi'n ddeud, dallta. Nid chdi yn 'yn hudo i. Dwi'm yn ama nad fel arall oedd hi efo'r gweddwon eraill yn dy hanas di. Dy Judy Bowens di druain, oedd yn ildio i ti am gysur a mwytha fel cathod anwes. Ond nid felly oedd hi efo mi. Defnyddio'r cnawd er mwyn talu'r pwyth ddaru mi, washi.

(Cloch y ffôn yn canu . . .)

Dan: Ateb e. Dy ffrind di sy' 'na 'to, siŵr o fod.

Eira: Naci. Dwi'n credu mai dy gath di sy'n galw. Isio diolch i ti am roi bwyd iddi. Neu ella'n gofyn am faddeuant am gachu ar y carpad! Mi fasat ti'n madda iddi, on' basat? O leiaf, mi fasat ti'n dangos ryw rinwedd tasat ti'n gneud hynny. Neu ella mai poeni amdanat ti ma' hi. Gofyn os wyt titha mewn rhyw enbydrwydd neu'i gilydd. Gofidio am gyflwr y weinidogaeth a dyfodol Yr Achos yng Nghymru ac ati. Neu isio dy rybuddio di ella. Ma' gin gath glustia i glywed petha na fedrwn ni mo'u clywed. A llygada i weld hyd yn oed yn nhywyllwch eithaf bol buwch . . .

(Cloch y ffôn yn distewi)

(Saib)

Dan: Welest ti gath yn whare 'da llygoden? 'I goglish hi â'i phawen. Esgus 'i bod hi'n 'i gwllwn hi'n rhydd. Ond fel llycheden, yn pownso arni wedyn a'i thowlu hi i'r awyr fel pêl ping pong.

(Saib)

S'da fi gynnig i gathod.

Eira: A sgin i ddim i ddeud wrth lygod . . . mawr na bach.

Dan: 'Na ni, 'te. Sdim rhagor i' weud.

Eira: 'Whereof we cannot speak, thereof we must be silent.'

(Dan yn agor ei bacyn sigarets, yn gweld ei fod yn wag ac yn chwilio'n aflwyddiannus am bacyn arall yn ei bocedi, cyn mynd i'r cefn . . . Yn dychwelyd â'i got fawr ac yn chwilio'n afraid yn y pocedi . . .)

Dan: Damo!

Eira: Ti isio ffag 'y ngwashi.

Dan: Odw!

(Dan yn ciledrych drwy lenni'r ffenest)

Dan: Damo! Damo!

(Eira yn mynd at y chwaraewr recordiau)

Eira: Arallgyfeirio ydi'r atab 'ta. 'Dan ni'm wedi dawnsio ers hydoedd . . . ers chwartar canrif. Ti'n cofio'r Rhyng Gol gynta? Y tro cynta i ti roi dy facha arna i – go iawn. Os wyt ti'n dallt be' sgin i . . .

(Eira yn cynnau'r gerddoriaeth ac yn dechrau dawnsio . . .)

Eira: Ty'd, Barchedig! Ty'd! I ni gael byrhau'r gaeaf!

(Dan yn ddiymateb)

Eira: Ty'd o'na!

(Eira yn ei anwesu gan rwbio'i chorff yn awgrymog rythmig yn ei gorff . . .)

Eira: Ymlacia washi! Gad i Eira newid dy dirlun di! Ty'd! Fflio dros yr eira gwyn ar garthan Mam. Ty'd! 'Dan ni am fynd ar bererindod i wlad y cyntefigrwydd coll . . . Nid Golgotha sy' allan yn fan'na heno, ond Y Gaer Ddu, a honno 'di mynd yn Gaer Wen! Ty'd hefo mi i Ogo'r Cariadon, i berfeddion y gorllewin gwyllt!

(Dan yn ddiymateb . . . Eira yn symud oddi wrtho ac yn dawnsio'n wyllt ar ei phen ei hunan . . .)

Eira: O'r gora, os mai fel'na ma' 'i dallt hi!

(Eira yn stopio dawnsio wrth weld Dan yn gwisgo'i got . . .)

Eira: Lle ti'n mynd?

Dan: O 'ma.

(Eira yn diffodd y gerddoriaeth)

Eira: Paid! Ma' gin i ffags yn rhwla.

(Eira yn mynd at gwpwrdd ac yn ymbalfalu'n wyllt mewn drâr, ac ar ôl lluchio amryw a drugareddau ar lawr, yn dod o hyd i'r coler ci a'r tennyn . . . Eira yn gwenu ac yn symud at Dan . . .)

Eira: Ei di'm allan i'r nos ar dy ben dy hun bach. Ty'd yma Pero 'ngwashi. Ty'd i ni gael mynd am dro i fforest Brechfa . . . Ty'd . . .

Dan: Beth yffarn!?

Eira: Ty'd o'na! Mi wyt ti'n noeth heb dy golar.

Dan: Blydi hel, Eira!

Eira: Ty'd Pero bach. Dwi'n addo peidio â mynd i nôl y St Bernard 'na fory. A deud y gwir, doedd o ddim yn bod. Chwedl oedd o! Judas arall! A faswn i'm isio dathlu'r Dolig efo hwnnw, faswn i?

Dan: Yffarn dân! Beth sy'n digwydd i ti?

Eira: Be'?

(Dan yn cymryd y coler a'r tennyn ac yn eu gosod o'r neilltu ar silff yr hatsh)

Dan: O's ffags 'da ti?

Eira: Methu'r cymun. Dyna be' sy' 'di digwydd i mi.

(Yn sydyn, Eira yn ei gofleidio)

Dan: Eira!

Eira: Sh! Eiliad bach rŵan . . . i ddofi'r hen ddrycin . . .

(Eira yn ei anwesu . . . Dan yn ddiymateb . . .)

Eira: 'Nei di fadda i'r hen Eira Logic? Methu'r cymun ddaru hi, chwartar canrif maith yn ôl.

(Eira yn syllu i fyw ei lygaid . . .)

Eira: Ti'n dallt?

(Dan yn syllu arni)

(Saib)

(Dan yn gostwng ei lygaid . . .)

Eira: Sbia arna i.

(Saib)

Sbia i'n llygada i.

(Saib)

Ty'd o'na.

(Dan yn ufuddhau . . .)

Eira: 'Na ti. Pryd ddigwyddodd hyn ddwetha, dŵad? Sbio, a chwilio am 'yn llunia yn 'yn llygada'n gilydd.

(Saib)

Gwena. Mi ddaw'r llun yn gliriach wedyn.

(Saib)

Ty'd . . . gwena.

(Dan yn cilwenu . . .)

Eira: Wel? Wyt ti'n dy weld dy hun?

(Dan yn gostwng ei lygaid eto . . .)

Eira: Paid! Sbia arna i!

(Dan yn ufuddhau eto . . . ac yn ei chofleidio)

Eira: Oeddat ti'n 'y ngharu i?

Dan: O'n.

Eira: Wir yr? Yn fwy nag o't ti'n 'i charu hi?

Dan: Eira . . .

Eira: Ddaru ti erioed ddeud wrthi hi dy fod ti'n 'i charu hi?

Dan: Naddo!

Eira: Siŵr?

Dan: Yffach! Eira, ma'n rhaid i ti gredu cymint â 'nna o's bosib! . . . Pam na fydden i wedi bod yn onest pry'nny?

Eira: Ond mi ddaru ti gael dy gosbi, on' do? Priodi rhywun nad oeddat ti'n 'i charu. Rhaid 'i bod hi'n uffern ar y ddaear i ti.

Dan: O'dd . . . A i tithe.

Eira: Oeddat ti'n poeni am 'yn uffern i?

Dan: O'n.

Eira: Ddaru hynny amharu ar dy nefoedd di?

Dan: Wrth gwrs 'nny!

(Eira yn gafael yn ei law ac yn ei gosod ar ei bron . . .)

Eira: Ac ar 'yn nefoedd i. Pam na fasat ti wedi chwilio am Y Fron Dawel cyn hyn?

Dan: O'n i'm yn gwbod bod hi ar ga'l.

Eira: Wyt ti'n credu'i bod hi rŵan?

Dan: Ti sy' i weud.

(Saib)

(Dan yn anwesu ei bron. Ymhen eiliad, Eira yn ei atal . . .)

Eira: Paid. Tyn dy gôt.

(Eira yn ei helpu i dynnu'i got ac yn ei rhoi o'r neilltu . . .)

Eira: 'Na welliant. Gas gin i ogla'r fynwant.

(Dan yn syllu arni fel delw . . .)

Eira: Wel? Garet ti fynd nôl i Glarach?

(Dan yn ei chofleidio . . .)

Dan: Shwt allwn ni?

Eira: Fel hyn . . .

(Eira yn gafael yn ei law a'i rhoi hi i anwesu'i bron . . .)

Eira: I gofio be' 'dan ni wedi'i golli, ia?

Dan: Ie . . .

(Saib)

Wy'n dy garu di.

Eira: Be' 'di ystyr hynny?

Dan: Pam ma'n rhaid gwbod 'i ystyr e? Fyddet ti'n gofyn yr un peth 'sen i'n gweud bo' fi'n dy gasáu di? Sa i'n gwbod beth yw 'i ystyr e, ond alla i weud 'thot ti pam wy'n dy garu di.

Eira: Ie?

Dan: Achos bo' ti wedi'n achub i.

Eira: Rhag be'?

Dan: Rhagrith . . . twyll . . . tor-cyfamod . . .

(Saib)

Eira: Wyt ti isio aros yma heno?

Dan: Wyt ti'n moyn i fi?

Eira: Fi sy'n gofyn i chdi. Wyt ti isio?

Dan: Odw.

Eira: Wyt ti'n siŵr?

Dan: Odw!

Eira: Ac i le ei di fory?

Dan: Ma' hynny'n dibynnu ar yr eira . . . Neu, ga i ddileu'r fannod?

Eira: Dibynnu ar Eira . . .

Dan: Ie . . .

(Eira yn ymryddhau)

Eira: Ti'n cofio be' wnes i ofyn i ti'n gynharach heno?

Dan: Beth?

Eira: A oedd gynnot ti le i fynd iddo. Be' oedd d'atab di? Ti'n cofio?

Dan: Odw. Wrth gwrs bo' fi.

Eira: Deuda fo.

Dan: Bo' fi'm yn gwbod ble i fynd. Pam wyt ti'n . . . ?

Eira: Ond ddaru ti oedi cyn 'i ddeud o.

Dan: Beth?

Eira: On'd do?

Dan: Do fe?

Eira: Ty'd o'na, Dan. Paid â malu cachu. Pan ofynnish i pam ddaru ti gynnig symud allan heb i ti wbod ble i fynd, ti'n cofio be' oedd d'atab i hwnnw hefyd, 'ndwyt?

Dan: Sa i'n dyall beth s'da ti nawr.

Eira: Byrbwylltra.

Dan: Ie . . .

Eira: Twyll oedd hynny.

Dan: Beth ti'n feddwl?

Eira: Digywilydd-dra oedd o, Dani Boi! Ddaru ti drio'i guddiad o, ond dwi wedi synhwyro d'agwedd di o'r cychwyn cynta washi.

Dan: Beth!?

Eira: Dy fod ti'n hawlio dy le yn y llety.

Dan: Nadw!

Eira: Pam ddoist ti bob cam yma heno 'ta, hefo dy fag? Wnes i dy wahodd di?

Dan: Ffones i di . . .

Eira: O't ti dros hannar ffordd erbyn hynny.

Dan: Ond fe gest ti ddigon o amser i ail feddwl. Pam ddiawl 'nest ti agor y drws i fi?

Eira: Ar ôl i ti gyrraedd y synhwyres i d'agwedd di. A pheth arall, pam ffoi o dy gartra, a thitha wedi'i gael o i gyd i chdi dy hun?

Dan: O'n i'n moyn dy weld ti.

Eira: Pathetig, Barchedig!

(Saib)

(Dan yn syllu arni'n gwenu'n sbeitlyd arno)

Eira: Gest ti ail rŵan, on' do? Ac mi syrthiest ti i'r trap fel llygodan fach! O't ti'n iawn. Mi allwn i fod wedi gneud 'y marc fel actores. Bechod! A titha wedi dechra meirioli. Ond 'na fo, dyna sy'n digwydd i ddyn eira.

Dan: Sdim bripsyn o galon ar ôl 'da ti, o's e?

Eira: Fuo gin titha ddim un erioed! Sgin ddyn eira ddim calon.

(Dan yn gafael yn ei got, ac yn ei gwisgo)

Eira: 'Na ti. Dos â'r gôt ogla fynwant 'na o 'ngolwg i!

(Eira yn cymryd cipolwg drwy'r llenni)

Eira: Ond aros eiliad . . .

(Eira yn agor drâr ac yn dod o hyd i bacyn Embassy coch o'r chwedegau. Eira yn mynd ato'n herfeiddiol ac yn ei estyn iddo.)

Eira: Anrheg Dolig i ti. Er cof am fynegbost Brechfa . . .

(Dan yn ddiymateb. Eira yn gosod y pacyn ar silff yr hatsh)

Eira: Mi fyddi di'n falch o glywed . . . ma' hi'n glawio. Does ond gobeithio y bydd hi 'run fath ar y Bannau.

(Saib)

(Exit Dan i'r cyntedd)

Eira: Cofia fi at y gath!

(Sŵn y drws mas yn agor)

Eira: *(Yn gwenu)* Ac at dy Feinir.

(Sŵn y drws mas yn cau'n glep. Sŵn traed yn cerdded bant. Cerddoriaeth y ddawns yn graddol gynyddu dros weddill y digwydd. Sŵn drws car yn agor a chau a'r peiriant yn dihuno a'r car yn mynd bant. Yn y cyfamser, Eira bifflyd yn crynhoi'r goler gron a'r pacyn sigarets, yn dod â nhw at y botel ar y ford fach ac yn gosod y goler gron am wddf y botel a'r pacyn sigarets i bwyso arni fel petai'n llunio dyn eira. Yn sydyn, Eira, ar ei gliniau wrth y ford, yn difrifoli ac yn esgus ei bod hi'n siarad ar y ffôn . . .)

Eira: Meinir? Fi sy' 'ma . . . Mae o ar 'i ffordd . . . 'Mots gin i be' ti 'di neud efo'i fagia fo . . . Meinir! Cau dy geg am y blydi bagia . . . Be' dwi'n ddeud ydi nag oes gin i affliw o ddiddordeb yno fo, nag ynot titha . . . Nag yn y gath chwaith! Sbadda'r ddau! . . . Be' sy' 'di digwydd i fi? . . . Be' sy' 'di digwydd yw 'mod i wedi gweithio'n galed ar gyfer hyn. Chwarter canrif myn yffach i! Dwi'n haeddu Oscar! . . . Ti yna o hyd? . . . Da iawn, achos dwi isio deud rhwbath arall. Fydda i ddim yn dŵad i sgio efo ti . . . Fydda i ddim yn dŵad i sgio . . . Bydd rhaid i ti chwilio am ffrind arall 'ta . . .

(Eira yn cyffwrdd yn dyner â'r goler gron)

Eira: Wyt ti isio i mi ddeud pam? . . . Wyt ti isio cael dy frifo? . . . Fel wnest titha 'mrifo i . . . a dy barchedig ŵr di . . .

(Eira yn torri lawr i wylo'n hidl)

(Tywyllu)

Y DIWEDD

Y Twrch Trwyth

Dychmygol yw holl gymeriadau'r ddrama.

Chwaraewyd gyntaf yn Theatr Felin-fach ar Fawrth 27, 2002.

Charlie Welsh	Arwyn Thomas
Annie Welsh	Delyth Wyn
Ben Morgan	Jaci Evans
Ceri Welsh	Einir Siôn
Ifan	Llion Williams

Cyfarwyddwr	Huw Emlyn
Cynhyrchydd	Jennifer Thomas
Cynllunydd	Meri Wells
Rheolwr Llwyfan	Dylan Williams
Goleuwr	Llyr Wyn Jones
Rheolwr Llwyfan Cynorthwyol	Rhodri ap Hywel
Meistres y Gwisgoedd	Gwenfudd James
Rheolwr Gweinyddol	Melinda Williams
Cynorthwy-ydd Gweinyddol	Joyce Jenkins
Cyhoeddusrwydd	Dafydd Aeron

Cymeriadau

Charlie Welsh	55 oed
Annie Welsh	50 oed
Ben Morgan	60 oed
Ceri Welsh	30 oed
Ifan	40 oed

Lleoliad

Cartref Charlie ac Annie yn Nanhyfer, Sir Benfro.

1. Stafell fyw; dau ddrws, un yn arwain i'r gegin ac i'r cefn, a'r llall yn arwain i'r cyntedd a'r llofftydd; bord a chadeiriau a dwy gadair eistedd, cwpwrdd cornel, a chloc-a-phendil yn hongian ar wal.

2. Y tu allan i'r tŷ, mainc a llwybr yn arwain heibio i'r talcen at ddrws y gegin.

Amser

O'r Pasg i'r Sulgwyn, ganol nawdegau yr ugeinfed ganrif.

Y Twrch Trwyth

Pethau i'w perfformo yw dramâu. I fod anacademaidd fel fi yr hyn fydda i'n chwilio amdano wrth ddarllen sgript fydd ei gallu i gynnu awydd y cyfarwyddwr ynof – yr awydd i gyfannu'r gwaith drwy ei lwyfannu (boed hynny yn theatraidd, ar y radio ynteu ar ffilm neu deledu).

Wrth ddarllen 'Y Twrch Trwyth' dwi'n amau y bydd i'r un awydd godi ynddoch chithau hefyd. Ac er mai llwyfan eich dychymyg, efallai, fydd yr unig ffrâm a fydd ar gael i chi mi fyddwch chithau hefyd yn 'gweld' Charlie yng nghaethiwed y parlwr; yn 'clywed' Ben yn chwiban yn ei letwhithdod. Mi fydd daearyddiaeth yr aelwyd, yr ardd a'r mynydd yn ymfapio yn eich pen a phell nodau'r is-sgôr gerddorol yn chwarae'n dawel ar ymylon eich clyw.

Drama a berfformiwyd gyntaf yn sŵn y mileniwm newydd yw 'Y Twrch Trwyth'. Hynny sydd i gyfrif, efallai, am yr is-lais escatolegol sy'n bygwth fel sŵn bwystfil-y-tu-hwnt-i'r-golwg o'r olygfa gyntaf ymlaen. Wynebu diwedd: diwedd bro; diwedd iaith; diwedd ffordd o fyw; diwedd ar berthynas; diwedd ar werthoedd; diwedd ar bopeth o bwys. A dechrau beth? Dyma un o themâu mawr y ddrama. Thema'r mileniwm newydd – ie. Ond mae hi hefyd yn thema oesol.

Ac mae cyfeiriadaeth eang a chyfoethog y ddrama yn bwydo'r thema hon. O oes y seintiau Celtaidd hyd oes Waldo; o frwydrau chwedlonol y Mabinogi hyd at frwydr epic Comin Greenham; mae elfennau'r gwaddol ysbrydol, chwedlonol, hanesyddol a hunllefus hwn yn ymgasglu ar y groesffordd ddi-nod, wrth droed Carn Ingli – 'Carn yr Angylion' – ar ddiwedd yr ugeinfed ganrif.

Ond yn ei hanfod drama ar gyfer y Pasg (pob Pasg) yw 'Y Twrch Trwyth' gan mai brwydr oesol grym cariad a maddeuant yn wyneb ysbryd casineb a dialedd yw ei phrif thema. Llwyfannwyd y ddrama gan Gwmni Actorion Theatr

Felin-fach yn agos i'r Pasg, 2002 – llwyfaniad a sicrhaodd ein bod yn ymdeimlo â'r frwydr fawr hon ar gymaint o lefelau – o fewn, yn ogystal â rhwng, y prif gymeriadau.

Fel y byddwch yn disgwyl gan un o feibion llengar Parc Nest mae'r ddrama yn bleser i'w darllen. Mae ei choethder o ran iaith a rhythm yn dangos yn glir mai dyma waith saer geiriau a phensaer drama yn ei anterth. Ac mae cyhoeddi'r sgript yn ychwanegiad cyfoethog at ganon ein llenyddiaeth theatr.

Ond drama i'w pherfformo yw hi.

Euros Lewis

ACT 1

Golygfa 1

Prynhawn Gwener y Groglith.

(Charlie yn pwyso ar ei ffon ger talcen y tŷ)

Charlie: Yn Seint Nons y'ch chi'n aros? Hotel neis. Nawrte, cerwch chi lawr heibo i'r hotel, a mewn rhyw ddwy filltir fe ddewch chi i Borth Clais. Fan'ny y cyrhaeddodd yr hen Dwrch Trwyth 'slawer dy', a gadel yr annibendod rhyfedda ar 'i ôl. Brasgamu i Aberdaugledde a lladd pob dyn ac anifel cyn i fyddin Arthur gyrra'dd. Wedyn, croesi ar draws y Preseli a thros yr hen Garn Ingli . . . Dewch draw 'da fi fan hyn . . . 'Na chi Garn Ingli. Ishte fel brenin ar 'i orsedd, on'd yw e? Ta beth, fe safodd yr hen Dwrch yn ffyrnig lawr fan'na ar lan afon Nyfer, yn herio milwyr Arthur. Fe laddodd grugyn – a mab Arthur 'i hunan yn un ohonyn nhw. Wedd y wlad siŵr o fod yn ferw! Wedyn, ca'l 'i gwrso ar hyd a lled Lloegr a'i gornelu'n y diwedd yng Nghernyw. Ond fe neidodd i'r môr, a diflannu. Rhyw dduw wedi pechu wedd e mae'n debyg, a'i gosb wedd ca'l 'i droi'n fochyn. A byth o' ar 'nny, ma' dialedd wedi gafel yn'do fe. Ysbryd ar diawl yw dialedd. Ond 'na fe, ddylen i ddim dechre pregethu, sach bod hi'n Wener y Groglith. Ma' Annie'r wraig wedi mynd i'r cymundeb, ond es inne ddim achos wy'n ca'l trwbwl 'da nghewn. Licen i ofyn i chi ddod miwn, ond fentra i ddim, achos so Annie'n fo'lon i fi ddod â dynion dierth i'r tŷ. Prynhawn da . . .

(Exit Charlie heibio i dalcen y tŷ)

Golygfa 2

(Enter Charlie, a sylwi ar y cloc)

Charlie: Damo! Pam na 'nei di gerdded? Fydda i byth yn gwbod faint o'r gloch yw hi fel hyn.

(Charlie yn agor clawr cloc-a-phendil ac yn symud y bys mawr nes iddo glywed y cloc yn taro tri, wedyn, yn rhoi hwb i'r pendil)

Charlie: Cerdda bachan.

(Charlie yn mynd i'w gadair i afael yn 'Dail Pren' a dechrau pori trwyddo)

Golygfa 3

(Enter Annie yn cario basged, a sefyll yn flinderog am ysbaid cyn mynd heibio'r talcen)

Golygfa 4

(Charlie yn sylwi bod y pendil wedi sefyll)

Charlie: Paid 'te'r pwdryn!

(Enter Annie)

Annie: O! . . . Wyt ti ar dy ben dy hunan? Wen i'n meddwl bo' fi wedi dy glywed di'n siarad â rhywun.

Charlie: Y cloc 'na sy'n pallu cerdded 'to.

Annie: Bydd rhaid i ti fynd ag e 'te.

Charlie: Ti bia fe.

Annie: Shwt ti'n disgwl i fi'i gario fe?

Charlie: Gofyn i rywun ddod i' weld e 'te. A ble ti 'di bod? Ma' hi wedi mynd yn rwbryd.

Annie: Wes ots?

(Annie yn tynnu llestri cymun o'i basged a'u gosod yn y cwpwrdd)

Charlie: Wyt ti'n rhoi'r llestri 'na gadw heb 'u golchi?

Annie: Olches i nhw'n capel.

Charlie: So ti'n arfer neud. A wy'n dala i ffaelu dyall pam wyt ti'n 'u cadw nhw fan hyn.

Annie: Cadw'n addewid Charlie. Sawl gwaith sy' rhaid gweud?

(Exit Annie â'r basged i'r gegin)

Charlie: Pwy fydde'n moyn dwgyd llestri cymundeb o'r capel? So nhw werth dim i neb.

(Enter Annie)

Annie: Alwodd Ben?

Charlie: Do, ond ffaelodd e ddod miwn achos wedd llond tŷ 'ma. Wedi ca'l sioc 'i fywyd. A weden i, iddi fod yn sioc i'r cloc 'fyd. 'Na pam wedd e'n pallu cerdded. Dim lle iddo fe symud.

(Annie yn tynnu'i sgidiau a'u gadael ar ganol y llawr cyn eistedd yn ei chadair)

Charlie: Wyt ti'n gadel dy sgitsie ar ganol llwybr fel 'na? Alle rhywun faglu drostyn nhw, a cha'l dolur.

Annie: Ers pryd wyt ti'n becso am 'nny? Beth wy 'di ga'l 'da ti dros y blynydde dwetha 'ma ond dolur? A wyt ti'n golygu'i roi fe dy' Sul 'to.

Charlie: Ti'n gofyn i fi ragrithio. Pan ddaw hi dros y trothwy 'na, wyt ti'n gofyn i fi anghofio beth 'nath hi.

Annie: Nadw. Alla inne ddim anghofio 'nny. Gofyn i ti droi dy gewn ar ddial odw i. Y peth mwya salw dan houl yw dialedd.

Charlie: O! Sa i'n gwbod. Ma' rhagrith yn cystadlu'n galed iawn ag e.

Annie: A sdim arlliw o hwnnw'n perthyn i ti, wrth gwrs.

Charlie: Wy'n treial 'y ngore i' wmla' fe.

(Saib)

Clwy agored sy' 'di bod yn gwaedu ers deng mlyne'. 'Na beth s'da fi. A wyt ti'n disgwl i fi esgus y bydd hi fel arall dy' Sul. 'Na beth fydde rhagrithio!

Golygfa 5

(Enter Ben, a mynd heibio'r talcen)

Golygfa 6

Charlie: A phwy wyt ti i 'nghyhuddo i o ddialedd, a finne wedi goffod 'i odde fe 'da ti ers blynydde? Wyt ti 'di'i daenu fe fan hyn fel nudden nes bo' fi ar fogi.

(Saib)

Pam na fydde hi wedi dod 'ma siwrne y dath hi mas?

Annie: Achos bod hi'm yn siŵr shwt groeso y cele hi.

(Enter Ben)

Ben: Wy'n credu bo' nudden i fod heno. Ond alle hi fo'n wâth.

Charlie: Beth? Ceser? Eira a rhew? Fydde'r rheini'n iachach na nudden, so ti'n credu?

Ben: Ma' hi'n hwyr i'r rheini, glei. Sach, wy'n cofio eira mish Mai 'fyd.

Charlie: Corwynt falle. Un o'r rheini ma'n nhw'n rhoi enwe arnyn nhw'n America. Bydden i'n gwbod pwy enw i roi ar 'y nghorwynt i, myn yffach i! Neu beth am ddaeargryn? So ni wedi ca'l un o'r rheini os sbel. Ma' isie rhwbeth i'n shiglo ni.

Ben: 'Ddest ti nôl 'te, Annie. A'th hi'n ddiflas arnot ti prynhawn 'ma. Dim lot o gwsmeried. 'Mond tri wedd yn cwrdd.

Charlie: Wedes i ddigon. Pwy gynnal cwrdd ar brynhawn Gwener heb weinidog? Sneb 'na i arwen, wes e.

(Exit Annie i'r cyntedd gan gario'i sgidiau)

Ben: Alle hi fo'n wâth.

Charlie: Galle! Lot gwâth! Meddylia 'se llond capel 'na! A llond lle o lestri brwnt 'da ni! A dim hanner digon o win! A dim siop ar agor i brynu rhagor!

(Saib)

Ond gwed 'tho i nawrte, pwy wedd y ddou arall? Wedd Arthur yn un siŵr o fod.

Ben: Wrth gwrs 'nny. A hwnnw wedi colli'i gof. Druan ag

e. Pwy ddwarnod glywes i ble gollodd e fe gynta.

Charlie: Ie, wet ti'n gweud.

Ben: Yn Crosshands ar 'i ffor' nôl o Gardydd, yn feddw gaib yn y dafarn 'ma, a'r tafarnwr yn 'i berswado fe i ffono gatre i ofyn i Myrddin y mab ddod i hôl e. Ond wedd e'm yn cofio'i nymbyr 'i hunan. A'n wâth na 'nny, pan gynigodd rhywun whilo amdano fe'n y dairectori, wedd Arthur ddim yn cofio'i enw'i hunan, na ble wedd e'n byw!

(Enter Annie ac eistedd yn ei chadair)

Ben: Cofia di, ma' Crosshands yn galler bod yn lle od. Mhell o bobman on'd yw e? A ma' fe mhellach nawr ar ôl iddyn nhw agor yr hewl newy' . . . Pwy fydde'n moyn galw'n Crosshands ta beth? Ond 'na fe, wedd colled ar Arthur cyn cyrra'dd fan'ny.

(Saib)

Wedd bachan Sain Ffagan 'na 'fyd.

Charlie: Wedd e nawr. Ma' fe bytu'r lle 'to 'te.

Ben: Ody. Weles i bo' ti 'di mynd ag e draw i'r fynwent wedyn. Moyn gweld yr ywen yn gwaedu, wedd e?

Annie: Wedd e?

Ben: Ie, sa i'n gwbod. Gofyn i ti odw i.

Annie: Falle taw moyn clywed y gwcw wedd e.

Ben: Wy wedi clywed honno ers wthnos. Jawl, wedes i 'nny 'thot ti. Canu o'r castell wedd hi.

Annie: Ond ma' hawl 'da phobol erill 'i chlywed hi, glei.

Charlie: 'Na ble fuest ti! Wen i'n gwbod bo' ti 'di bod rhwle.

Ben: Fuodd e'n ricordo'r oedfa?

Annie: Naddo.

Ben: Ricordo'r gwcw falle, i weld a wedd acen Shir Benfro 'da hi.

Annie: Ma' fe'n galw 'ma nos fory.

Charlie: I beth?

Annie: I swper.

Charlie: Beth?! Dyn dierth! Wyt ti'n ca'l pwl o golled? So ti'n fo'lon godde gweld dyn dierth yn agos i'r lle 'ma.

Annie: Wy 'di d'odde di ers blynydde.

(Ben yn chwibanu rhai nodau o dôn 'Y Mochyn Du')

Ben: Ti'n pori yn y Waldo 'na heddi 'to. Jawl! Ma' fe ar dy gof di i gyd erbyn hyn, siŵr o fod.

Charlie: Dim 'to.

Ben: Wyt ti'n ddyall e?

Charlie: Wes rhaid dyall?

Ben: O wel, wy bown' fo'n dwp 'te. Pwy werth sy' mewn darllen rhwbeth ti ddim yn 'i ddyall? Rhaid cyfadde, ma' pŵer wedi gweud 'tho i bo' rhyw natur ffein yn perthyn 'ddo fe. Dim bo' lot o gewc 'da fi arno fe, cofiwch. Mynd i'r jâl am ballu talu incom tacs a pethe. A buodd e'n taranu'n erbyn Trecŵn wedyn. A drychwch arnyn nhw nawr, pwr dabs. Ma'r lle'n cau, a dim gwaith i ga'l . . . Ma'r ardalodd 'ma'n mynd i fod yn anialwch, wy'n gweud 'thoch chi. A Breudeth wedyn. Jawl, wedd yr Americans yn dod ag arian mowr miwn. Ond ma'n nhw'n goffod mynd. 'Run peth â'r lle arall 'na yn Lloeger . . .

Charlie: 'Durham' . . .

Ben: Durham? Bachgen, bachgen! Nage . . . Betingalw . . .

Charlie: *(yn darllen)*
'"Durham", "Devonia", "Allendale" – dyna'u tai,
A'r un enw yw pob enw,
Enw'r hen le a tharddle araf amser
Yn yr ogof sy'n oleuach na'r awyr
Ac yn y tŷ sydd allan ymhob tywydd.'

Ben: Ddyalles i'm gair. 'Nest ti, Annie?

Annie: Fi?
'Fi
Heb dad na mam na chwiorydd na brawd,
A'r dechrau a'r diwedd yn cau amdanaf.
Pwy wyf i? Pwy wyf i?
Estyn fy mreichiau ac yno, rhwng eu dau fôn
Arswydo meddwl amdanaf fy hun,
A gofyn gwaelod pob gofyn:
Pwy yw *hon*?
Sŵn y dŵr. Bracsaf iddo . . . '

Charlie: 'Hwn'. 'Pwy yw hwn?' wedodd Waldo.

Annie: Siarad am 'yn hunan wen i.

Charlie: Pryd ddysgest ti honna?

Ben: Bachgen bachgen! Ma' Annie gam o dy fla'n di Charlie!

Charlie: A! Wy'n cofio nawr. Wet ti'n 'i hadrodd hi pan elon ni am wâc ar hyd y feidir fach 'na o Glynseithman, a wet ti'n gwishgo'r ffroc las 'na, â rhimyn gwyn iddi.

Annie: Wen i?

Charlie: A wedyn fe gyrhaeddon ni Fynachlogddu. A'r peth cynta wedd hi'n moyn 'neud wedd mynd â fi i'r capel. A finne â syched fel bustach ar ôl cerdded pentigili.

Ben: Wet ti'n whilo am y dafarn agosa, glei.

Charlie: Wen! A wen i'n ffaelu'n deg â dyall pam wedd hi'n moyn dangos Bethel i fi. Moyn dangos côr y teulu mynte hi. Ond fe ddyalles i wedyn. Moyn dangos ble wedd hi'n golygu priodi wedd Madam.

Ben: Wet ti 'di gofyn iddi 'te?

Charlie: Na wen. Prin nabod 'yn gily' wen ni. A i neud pethe'n wâth, wedd rhyw roces fach arall 'da fi'n Boncath.

Ben: Beth? Fuodd honno'n dangos 'i chapel i ti 'fyd? Wet ti Annie'n gwbod am honno?

Annie: Wrth gwrs bo' fi.

Ben: O jawl, sdim rhyfedd bo' ti ar hast i fynd ag e i Bethel 'te. Wedd cenfigen yn dy fyta di, glei.

Annie: Wedd. A ma' fe'n dala i 'myta i. Wy'n cenfigennu wrth roces fach Boncath yn fwy nawr na wen i pry'nny. Ma' hi siŵr o fod yn well 'i byd na finne, ta ble ma' hi.

Charlie: Yn 'i bedd. 'Na ble ma' hi.

Annie: Fel finne 'te.

(Exit Annie i'r cyntedd a chau'r drws)

Ben: Alle fo'n wâth . . . Cawedydd wen nhw'n addo bore 'ma 'fyd . . . Gwd 'te.

Charlie: Paid â mynd, bachan. Man man i ti ga'l te bach 'ma ragor. A swper 'fyd os wyt ti'n moyn. Beth 'nei di gatre fan'na ar dy ben dy hunan?

Ben: Bachgen bachgen, wy'n joio 'nghwmni'n hunan.

Charlie: Ti'n lwcus. Ma' ofon hwnnw arna i.

Ben: Dere lawr ata i ambell waith. So ti 'di 'neud ers

mishodd. Ma' isie i ti fynd mas yn amlach.

Charlie: Allen i'm mynd ymhell, a 'nghewn i fel ma' fe.

Ben: Ond wyt ti'n hala pŵer ar ben iet fan'na'n siarad â rhyw bobol ddierth.

Charlie: Odw, ond ma' hynny'n wahanol t'wel'. So nhw'n gwbod dim am 'y ngofid i.

Ben: Dere nawr! So ti ar dy ben dy hunan. Rhaid i ti gofio bo'r un gofid 'da Annie 'fyd.

Charlie: Ond so hi'n fo'lon 'i rannu fe 'da fi. Yffarn dân, ma' hi'n pregethu 'tho i am beido â dod â phobol ddierth i'r tŷ, a ma' hi'n ddierth 'i hunan!

Ben: Ie wel, beth all dyn 'neud 'te?

Charlie: Wedes i wrthi dwe, 'Pam wyt ti'n rhoi'r uffern 'ma i fi?' A ti'n gwbod beth wedodd hi? 'I rhoi hi nôl odw i.' Beth 'nei di â shwt beth â 'nna? Dim fi sy' wedi rhoi uffern iddi, ond 'i merch hi'i hunan.

Ben: Ma' hi'n ferch i tithe, Charlie.

Charlie: Sa i'n moyn 'i gweld hi.

Ben: Sdim madde i ga'l 'te.

Charlie: Shwt alla i? Ma' hi 'di lladd rhywun, on'd yw hi?

Ben: A ma' hi wedi ca'l 'i chosbi am 'nny.

Charlie: Ond beth amdana i? Wy 'di ca'l 'y nghosbi 'fyd. Goffod wynebu'r gwarth.

Ben: Greenham! 'Na fi wedi'i gofio fe nawr! Tr'eni bod hi wedi mynd fan'ny o gwbwl.

Charlie: Dial ar 'i ffrind achos bod honno wedi mynnu ca'l dyn.

Ben: Wel, sa i'n gwbod dim am y pethe 'na. A mwya i gyd wy'n glywed, mwya i gyd wy'n canmol 'yn lwc bo' fi wedi cadw'n glir, myn yffach i!

Charlie: 'Nabyddest ti'm un fenyw.

Ben: Naddo. 'Mond Mam.

Charlie: Nage. Ti'n gwbod beth s'da fi . . .

Ben: Ie, wy'n gwbod yn brion beth s'da ti. Naddo, dim ariôd. Pan wet ti'n cwrcatha'n ffair Crymych, wen i'n goffod carco Mam. Pan gath hi 'i tharo gynta, 'mond deg wen i, a fuodd hi ar 'i chewn am ugen mlyne', fel cabetshen Carnabwth. A ar ôl gadel ysgol wen i'n lwcus bo' fi'n galler neud 'yn jobyn gatre. Na, yr agosa y des i at goese menwod wedd wrth g'wiro'u sgitsie nhw!

Charlie: Rhaid i fi weud, wyt ti'n dipyn o donic.

Ben: Sa i'n gwbod wir. Licen i 'sen i'n dy weld ti'n wherthin yn amlach. Gronda. Falle bo' ti'n mynd o fla'n gofid. Falle bydd hi Ceri wedi newid. Sdim un ened yn llwyr ar goll.

Charlie: Heblaw'n un i.

Ben: Dere nawr. Ti'n pori yn y Waldo 'na. A wy 'di clywed pŵer yn gweud taw 'i bregeth fowr e wedd maddeuant.

Charlie: Beth yw madde? Ca'l ffordd trw'r drain at ochor hen elyn.

Ben: Fe wedodd 'nna? Gwed e 'to.

Charlie: Ca'l ffordd trw'r drain at ochor hen elyn.

Ben: Jawl! Ma' fe wedi gweud rhwbeth wy'n galler 'i ddyall!

Charlie: 'Na fe t'wel'. So fe'n dywyll i gyd. Ma' rhwbeth newy' i' ddysgu bob dy'.

Ben: A fe ddyle hynny fod yn wir yn d'hanes di 'fyd.

Golygfa 7

(Enter Ceri yn cario gwarfag a sefyll am ysbaid cyn mynd heibio'r talcen)

Golygfa 8

Ben: Wyt ti'n darllen am faddeuant yn hwnna. So ti'n credu taw 'na beth ddylet ti roi i Ceri? Dim dod gatre i wynebu dialedd ma' hi'n gobeitho 'i neud, ond i whilo am faddeuant. Ti'n dyall? Falle gostith hi'n ddrud i ti. Mynd trw'r drain a pethe. Ma'n rhaid i ti anghofio d'hunan er mwyn treial rhoi cyfle newy' i'r rhoces. Agora'r drws led y pen iddi 'achan.

(Enter Ceri)

Ceri: Haia . . . Ody Mam gatre?

Ben: Ma' hi 'ma rwle.

Charlie: Beth wyt ti'n neud 'ma heddi?

Ben: Yffach dân, sdim ots, wes e?

Charlie: Ond wen i'm yn dy ddisgwl di tan dy' Sul . . .

Ben: Charlie, ma'r rhoces gatre, a 'na ddiwedd arni. Ma'n dda 'da fi ga'l cwrdd â chi. Ben odw i . . .

(Enter Annie)

Ceri: Haia, Mam.

Annie: Ddest ti heddi.

Ben: Gwd nawrte. Fel wen i'n gweud, Ben odw i. Byw lawr yr hewl ers naw mlyne'.

Ceri: Haia.

Ben: Gwd 'te. Wela i chi fory.

(Exit Ben)

(Saib)

(Y tri yn llonydd, fel delwau)

Golygfa 9

(Enter Ben heibio'r talcen a chymryd cipolwg ar y tŷ am eiliad. Exit Ben)

Golygfa 10

Ceri: Sdim ots 'da ti bo' fi 'di dod heddi, o's e?

Annie: Na wes. Ma' dy stafell di'n barod. Pryd fytest ti ddwetha?

Ceri: Wy'n iawn.

Annie: Dished 'te.

Ceri: Sdim hast.

Annie: Shwt ddest ti?

Ceri: Ca'l lifft at y bont.

Annie: 'Da pwy?

Ceri: Dyn dierth. Lori'n cario moch. Tipyn o ddrewdod . . . ond do'dd dim bai ar y moch.

(Saib)

Wel, shwt y'ch chi'ch dou?

Annie: Shw' wyt ti?

Ceri: Iawn.

(Ceri yn dechrau paratoi sigaret)

Annie: Welest ti rywun ar dy ffor' lan 'ma?

Ceri: Do.

Annie: Pwy?

Ceri: Pawb.

Annie: Dere nawr. Welest ti rywun wet ti'n nabod?

Ceri: Do. O'dd y baneri mas i gyd . . . Rhoi croeso i'r moch falle.

(Saib)

Annie: Ddest ti bob cam o Land's End heddi?

Ceri: Do.

Annie: A shwt le yw e?

Ceri: Twll tin byd. Sdim byd 'na ond craig.

Annie: Beth s'da ti? Fflat?

Ceri: Ogof.

(Saib)

Annie: Wyt ti'n rhannu 'da rhywun?

Ceri: O'n i, tan bore 'ma. Ond gwmpon ni mas. Pan ddihunes i, o'dd hi wedi mynd. O'n i ar 'y mhen 'yn hunan yn gwely. Wyth mlyne' nôl gwrddon ni . . . yn jâl. Digon o amser i ddwy ddod i nabod 'yn gilydd. Wel, 'na beth o'n i'n gredu ta beth.

(Saib)

Annie: A' i i neud dished o de. Neu falle y bydde'n well 'da ti goffi.

Ceri: So ti'n cofio? Sa i'n yfed te.

Annie: Coffi gwyn a siwgur?

Ceri: Na. Coffi du, heb siwgur.

(Exit Annie)

Ceri: Shw' wyt ti, 'te?

Charlie: Gweddol. 'Y nghewn i'n dost.

Ceri: Wyt ti'n diodde hwnna ers amser.

Charlie: Shwt wet ti'n gwbod 'nny?

Ceri: Mam 'wedodd.

(Saib)

Ceri: Beth sy'n bod ar y cloc?

(Ceri yn paratoi i roi hwb i'r pendil)

Charlie: Paid!

Ceri: Isie'i windo?

Charlie: Gad e fod! Wedi'i windo'n rhy dynn ma' fe.

Ceri: Ers faint ma' fe fel hyn? . . . Wedi clywed bo' fi'n dod falle. Mynd ar streic. Dim isie gweld y ferch afradlon yn dod gatre.

(Ceri yn sylwi ar y llestri cymun)

Ceri: Pwy sy' â'r rhain?

Charlie: Pwy wedd y fenyw 'ma wedd 'da ti'n Land's End? Pam wedd hi miwn?

Ceri: Smyglo Hash. A ma' Mam yn ffwdanu cario'r rhain i'r capel bob tro, a hynny ar gyfer dim ond dou neu dri, fentra i. A so ti'n un o'r rheini . . . Mam 'wedodd . . . So ti'n mynd i'r capel, ragor.

Charlie: Nadw. A wedd hynny'n sioc i ti, siŵr o fod.

Ceri: Nag o'dd. Dim mwy o sioc na chlywed bo' Mam yn dala i fynd.

(Saib)

(Ceri yn gosod tri gwydryn cymun ar y ford cyn tynnu potel ar ei hanner o'i bag, ac arllwys gwin i'r tri)

Charlie: Beth yffach ti'n neud?

Ceri: Ca'l parti! Nage! Cymundeb! Dathlu bo' fi 'di dod nôl. Mam! Dere 'ma!

(Ceri yn gafael yn llaw Charlie ac yn gosod gwydryn ynddi. Enter Annie. Ceri yn gosod gwydryn yn ei llaw hithau cyn gafael yn y trydydd gwydryn)

Ceri: Ma' 'da ni'n tri rwbeth i' ddathlu. Ma'n 'nhra'd i'n rhydd ers mis. Wy'n fenyw rydd!

(Ceri yn yfed ei gwin)

Ceri: Elli di'm diolch i dy Dduw am 'nny Mam? Neu so ti byth wedi madde i fi.

Annie: Wyt ti 'di dod gatre i'n herio i?

Ceri: Neu falle taw ffaelu madde i dy Dduw wyt ti am roi hen hwch fach fel fi'n ferch i ti. 'Na pam 'nest ti ddala i fynd i'r cwrdd? Er mwyn 'i ddiawlo fe am roi hen wrach fach i ti . . . A ti, Dat? O leia wyt ti 'di bod yn fwy gonest na Mam, medden nhw. Herio dy Dduw o fla'n pawb. 'I ddiawlo fe o bulpud Nasareth. Hyd yn o'd o fla'n dy whâr. Ma' Anti Ceridwen yn 'i phwd byth o' ar 'nny. Llefen 'nath Mam pan wedodd hi 'tho i. A wy'n gwbod pam nawr. Eiddigedd. O'dd hi'm yn lico bo' ti 'di ca'l gwared ar y rhagrith o'dd yn dala i afel mor dynn yn'di.

(Annie yn lluchio'r gwin i wyneb Ceri. Exit Annie)

Ceri: 'Na wast ar win.

(Tywyllu)

(Sain: Ben yn chwibanu tôn 'Y Mochyn Du')

Golygfa 11

Trannoeth. Machlud.

(Sain: canu adar, gan gynnwys y gwcw o dro i dro)

(Nodyn: *Yn ystod yr olygfa hon dylid paratoi'r stafell fyw ar gyfer cyfleu diwedd swper Golygfa 12*)

Ceri: Pam ma' Mam wedi gofyn i'r dyn 'ma ddod i swper heno?

Charlie: Paid â gofyn i fi.

(Saib)

Ceri: Ma'r hen Garn Ingli 'ma o hyd . . . Licen i fynd i weld Pentre Ifan fory. Ddei di 'da fi? Na, alli di ddim, wrth gwrs, â'r cefen 'na. Ers pryd ma' fe'n dost?

Charlie: Ers pan est ti i'r jâl.

Ceri: Ers 'nny? 'Nest ti'm dangos dim pan ddest ti i 'ngweld i.

Charlie: Wen i'n cwato pŵer o bethe pry'nny.

(Ceri yn codi 'Dail Pren' o'r fainc)

Ceri: So 'Pitran Patran' yn hwn.

Charlie: Na'dy.

Ceri: 'Rwy'n gorwedd yn y gwely,
A chwsg ymhell ar ffo.
Rwy'n clywed y glaw yn pitran-patran
Ar hyd y to.'

Buodd y geire 'na'n gysur mowr i fi. Clywed y glaw. Er, dim ar y to o'n i'n 'i glywed e, ond yn clatsho'r blwmin ffenest ar nosweth stormus. Feddyliodd Waldo ariôd y bydde'r geire 'na'n ca'l 'u clywed mewn cell.

(Saib)

Sa i wedi clywed y gwcw ers blynydde. Ond 'na fe, 'y newis i o'dd 'nny.

(Saib)

Wyt ti'n gwbod beth arall wy heb glywed ers amser? Chwedl y gwcw. Gwed hi.

Charlie: So ti wedi anghofio honno, 'sbosib.

Ceri: Na'dw. Ond licen i dy glywed ti'n 'i gweud hi. Wy isie troi'r cloc nôl. Bod yn bump unwaith 'to, a finne'n cwtsho'n dy gôl di'n grondo ar stori'r gwcw.

Charlie: Ma' hi'n rhy hwyr, Ceri. Elli di'm bod yn rhoces fach bum mlwydd o'd byth 'to.

Ceri: Alla i'm esgus bod?

Charlie: Pam fyddet ti'n moyn 'neud 'nny?

Ceri: Jengyd.

Charlie: Ond dim ond esgus jengyd byddet ti.

Ceri: 'Na beth yw pob jengyd.

(Saib)

Dere. Gwed hi un waith.

(Saib)

Ble o'dd y gwcw gynta i gyrra'dd Sir Benfro bob blwyddyn, yn disgyn?

(Yn ei ddynwared, ac yntau, yn y diwedd yn ymateb yn foddhaus)

Ar ben croes Geltaidd Sant Brynach. A wedd y ffeirad yn gwrthod dechre'r gwasaneth nes bod y gwcw wedi cyrra'dd, a wedi canu. Ond ryw flwyddyn, wedd y gwcw'n hwyr, a'r gynulleidfa tu fas. Deg o'r gloch, dim sôn am y gwcw. Unarddeg, dim sôn. Hanner awr wedi douddeg! A'r ffeirad yn ca'l ffwdan ofnadw i atal y dyrfa rhag mynd miwn i'r eglwys. Erbyn un o'r gloch wedd pawb wedi mynd yn fyr iawn 'u hamynedd, yn bwgwth hwpo'r ffeirad o'r ffordd. Ond yn sydyn, 'ma'r gwcw fach yn cyrra'dd a dishgyn glatsh ar ben y Groes – a dechre canu. Ond ar ôl tri nodyn, 'ma'r gwcw'n cwmpo i'r llawr yn gelen. Y gwcw fach wedi neud 'i gore i gadw'r hen draddodiad, ond yn marw yn yr ymdrech!

(Ei llais ei hun)

Wyt ti'n gweld? Wy'n 'i chofio hi'n berffeth!

(Saib)

Bob tro o't ti'n gweud bod y gwcw fach yn gelen, o'n i'n llefen . . .

Charlie: Wedd dim isie i ti deimlo tr'eni drosti. Arbedodd 'i marw hi lot o hafoc i adar erill . . . Beth ma'r gwcw 'na'n mynd i neud cyn hir yn y cwm 'na? Whalu rhyw ddeg o nythod wrth ddodwy wye estron yn'dyn nhw. Llyncu un, a dodwy un yn 'i le fe, i dwyllo rhyw Robin Goch bo' dim byd mowr o le ar y nyth. Ond cyn hir bydd hi'n greisis 'na. Deryn dierth yn hwpo'r lleill mas, a bydd y Robin Goch a'i bartner wrthi'n selog yn 'i fwydo fe, a'u hepil nhw'u hunen wedi'u difa.

Ceri: Anghofiodd Waldo am 'nna pan sgrifennodd e 'Byd yr Aderyn Bach'.

Charlie: Dewis anghofio falle. Wedd hawl 'da Waldo o bawb ga'l jengyd ambell waith, glei. Anghofio bo'r hen gwcw eger ar gyrra'dd.

Ceri: Neu wedi cyrra'dd.

(Saib)

Wy'n mynd i'r tŷ. Wy 'di gadel 'y maco rywle . . .

Charlie: Ceri, wy'n moyn i ti wbod bo' fi isie trafod. Ond ma' gormod o ofon arna i.

Ceri: Ofon beth?

Charlie: Wy'n dihuno ambell fore a wy'n mynd yn whys wêr drosta i i gyd, a wy'n gofyn i fi'n hunan a odw i'n gall? Ond pwy ddiawl all weud a odw i neu beido?

Pwy sy'n ddigon call i weud 'tho i, 'Ti'n iawn boi'? A wen i'n mynd i deimlo 'nna'n gryfach bob tro y gwelen i'r seiceiatrydd. Fe wedd y boi 'nath 'y mherswado i i adel yr ysgol, a byw ar 'y mhensiwn. Lles y plant wedd 'dag e mewn golwg, wrth gwrs. Ond wedd hynny'n ergyd farwol i fi, on' wedd hi? Wedd e'n gweud yn blaen 'tho i bo' fi'n fachan rhy ddansherus i fod 'da'r plant. Bo' fi'm yn ffit i fynd yn agos atyn nhw. Pwy feddyginieth wedd honno? A wedyn fe ddechreues i ame a wedd y seiceiatrydd 'i hunan wedi bod ym mhen draw'r ffwrn. Wir i ti! A wen i nôl yng ngafel yr arswyd mowr: pwy yffarn sy'n gall?

Ceri: Holodd e ti amdana i?

Charlie: Do, wrth gwrs. Gofyn a wen i'n dyall pam 'nest ti shwt beth.

Ceri: A beth wedest ti?

Charlie: Na wen.

Ceri: Wedest ti 'tho fe bo' ti'm wedi gofyn unwaith i fi pam 'nes i fe?

(Saib)

Pam 'nest ti'm gofyn i fi?

Charlie: Wen i 'di clywed beth wedd 'da ti i' weud yn y llys. Wet ti wedi cyfiawnhau lladd. Ond 'nath neb ofyn i ti fan'ny shwt alle'r rhoces a'th i Greenham fod yn llofrudd! Wet ti 'di rhoi dy fywyd i achos heddychieth. Gadel dy gwrs coleg a mynd i fyw ar y comin 'na. Wet ti'n mynd i achub y byd!

Ceri: Yn erbyn dy ewyllys di.

Charlie: Iawn! Ond yn raddol bach wen i wedi dod i dderbyn

bo' 'da ti hawl i ddewis dy lwybr.

Ceri: Whare teg i ti!

Charlie: Ceri! Gronda arna i! Wy'n gweud y gwir 'thot ti! Fe lwyddest ti i 'mherswado i taw ti wedd yn iawn. A wen inne'n falch o'r cyfle i d'amddiffyn di, bob tro y clywen i rywun yn dy ddishmoli di. Yn falch o ga'l gweud wrth y diawled bod 'yn rhoces fach i wedi ca'l 'i meddiannu â neges heddwch. 'Na beth wen i'n weiddi o bob pwlpud! Ond yn sydyn, fe whalest y cwbwl. Cyrra'dd y *Sun* yr un pryd â'r Falklands. 'Greenham Lesbian Kills Lover!' a 'Gotcha!' yn yr un rhifyn!

(Enter Ifan)

Ifan: S'mai. Noson braf. Machludo'n hyfryd, 'ntydi? Y tro cynta i mi glywad y gôg eleni . . . A fa'ma dach chi'ch dau'n byw? Tad a merch, ia? Ben Morgan ddaru ddangos y ffordd i mi.

(Enter Annie)

Annie: Shwt y'ch chi heno?

Ifan: A! Smai. Own i'n dechra gofidio, a deud y gwir.

Annie: Pam?

Ifan: 'Ych bod chi wedi anghofio.

Annie: O! 'Nelen i'm mo 'nny. Fi wedd yn dechre becso bo' chi wedi anghofio, neu wedi newid 'ych meddwl.

Ifan: Dim peryg . . . Ifan dw i. Er i mi fod yn yr ardal droeon, 'dan i'm wedi cwarfod. Mr. Welsh, ia?

(Charlie yn ddiymateb)

Ifan: A chitha?

Annie: Ceri.

Ifan: Ceri Welsh . . . Welsh. Cyfenw braidd yn anghyffredin yn yr ardal yma, 'ntydi dwch?

Annie: Ody.

Charlie: Ody fe?

Ifan: Mi ddaru Ben fy nghadw i'n hwy nag own i'n feddwl. Mae o'n gymeriad, 'ntydi? Holi 'mherfadd i!

Annie: Ie, fel'na ma' Ben. Synnen i damed na fydd e'n 'ych dilyn chi 'ma cyn hir, gwaetha'r modd. Dewch miwn. Ma' swper yn barod.

(Tywyllu)

(Sain: chwibanu tôn 'Y Mochyn Du')

Golygfa 12

Ymhen awr

Ifan: Cwarfod â'r ddynas yma yn Nhrelech ddaru mi. Digwydd pasio own i, wedi bod yn chwilio am rywun i'w roi ar gof a chadw, a dyma ni'n dechra trafod y tywydd a ballu. 'Bora braf' meddwn i. *(Ei dynwared)* 'Ody, glei' medda hi. Ond wedyn, dyma hi'n ychwanegu rhwbath diarth i mi ar y pryd. 'Ma'n rhaid i fi fynd mas i roi'r golch ar y lein nawr.' 'Be'?' meddwn i. 'Golch ar y lein?' 'Ie, ie' medda hi. 'Ma' hi'n ddwarnod da i sychu, on'd yw hi!' 'Dach chi'n gweld, *golch* i rai Gogleddwyr ydi . . .

Ben: Pisho. 'Na beth yw *golch* yn y North. Pisho. Pishwel. Slops. Wy'n iawn, on'd odw i?

Ifan: Ydach, mewn ffordd o siarad.

Ceri: Shwt y'ch chi'n gwbod 'nny?

Ben: O! Ma' hi'n stori hir. Chi'n moyn 'i chlywed hi?

Annie: Dim diolch.

(Wrth Ifan)

Fe dorrwd ar 'ych traws chi.

Ifan: Na. Popeth yn iawn, ond mynd i ddeud . . .

Ben: Ar drip Ysgol Sul i'r Rhyl wen i. Wedd hi'n siwrne jogel pry'nny, a'r hewlydd fel wen nhw. Wedd crigyn o ddadle wedi bod yn yr ysgol Sul am wthnose. Pŵer wedi diflasu ar Tenby a Porthcawl, a moyn mentro rhwle newy'.

Annie: Y'ch chi'n siŵr bo' chi wedi ca'l 'ych gwala.

Ifan: Do, diolch yn fawr. Siort ora!

(Annie yn dechrau crynhoi'r llestri)

Ben: Wen i'n gweud 'thot ti Charlie am Arthur dwe. Wedd neb wedi bod yn uwch 'i gloch am fynd i Rhyl na fynte. Bob tro wedd pwyllgor ar ddiwedd yr ysgol Sul, 'na le wedd e'n tsianto, 'Rhyl! Rhyl! Rhyl!', fel hwligan ca' ffwtbol. A goffod i'r diaconied ildo'n diwedd.

Annie: Helpa fi i glirio'r llestri 'ma, Ceri.

Ben: Pan gyrhaeddon ni Corris wedd hi wedi dechre bwrw glaw mân, a wep Arthur lawr at 'i fogel e, achos wedd e wedi gwacáu'i focs bwyd yn Synod Inn. A wedi hen ddifaru meddwl am Rhyl . . .

(Exit Ceri ac Annie â'r llestri)

Ben: 'Wes bympyrs yn Dolgelle?' mynte fe. 'Os wes e, fe

stopwn ni fan'ny.' 'Wedd bympyrs yn Aberystwyth', mynte fi. A 'ma Arthur yn dechre tsianto. 'Ni'n-moyn-mynd-i-Aber-yst-wyth! Ni'n moyn-mynd-i-Aber-yst-wyth!'

Annie: *(O'r gegin)*

Pam na ewch chi fan'ny nawr, Ben?

(Saib)

(Ben yn chwibanu . . .)

Golygfa 13

(Ceri yn cynnu sigaret wrth ddod heibio'r talcen. Exit Ceri.)

Golygfa 14

(Enter Annie)

Annie: Licech chi fynd i weld yr hen gastell? So chi wedi'i weld e, meddech chi.

Ifan: Iawn. 'Dan ni o fewn ergyd carreg iddo fa'ma, 'ntydan?

Annie: Odyn. A ma' hi'n nosweth ole leuad braf. Ewn ni ffor' hyn trw'r drws ffrynt. Fe gewn ni ben y llwybr ar unweth wedyn.

(Exit Annie i'r cyntedd)

Ifan: Tan 'ych bendith 'ych dau.

(Exit Ifan)

Ben: *(Yn dynwared Ifan dan ei wynt)*

Tan 'ych bendith.

(Sŵn drws y ffrynt yn cau)

Ben: Jawl, ma' rhaid i ti neud rhwbeth ymbytu'r cloc 'na Charlie. Ma' hi'n dri o'r gloch yn dragwyddol 'ma.

Charlie: Annie sy' wedi'i windo fe'n rhy dynn.

Ben: O wel, ma' rhaid mynd ag e at ryw ddoctor wedyn 'te. A weden i bod isie doctor arni hi 'fyd. 'I hoedran hi yw e, t'wel'.

Charlie: Shwt wyt ti'n gwbod am y pethe 'nna?

Ben: 'U clywed nhw'n gweud. A fe wedodd rhyw dderyn bach 'tho i bod hi ar ga'l 'i hanner cant, on'd yw hi?

Charlie: Os ti'n gweud.

Ben: Sulgwyn, glywes i. Ma'n nhw'n gweud bo' pen blwydd hanner cant yn ddwarnod mowr i fenwod . . . A beth ti'n feddwl ohono fe 'te? Bachan od weden i. Sylwest ti'm ar 'i sgitsie fe?

Charlie: Naddo fi.

Ben: Wrth 'u tra'd ma' nabod dynon dierth. Sgitsie dala adar wedd 'dag e. Licen i ddim bod yn rheina lan yn yr hen gastell. Ma'r bwdlac rhyfedda 'na. Ond 'na fe, wedd sgitsie Annie ddim tamed gwell. Fyddan nhw'n y bwdlac 'da'i gily'! . . . Gwd nawrte . . .

Charlie: Faint o'i hanes e gest ti?

Ben: Dim o werth.

Charlie: Wedodd e gynne bo' ti wedi'i holi fe'n dwll.

Ben: Bachgen bachgen! Fel arall wedd hi. Ond chas e'm llawer 'da fi, paid â becso. Wy'n gwbod pryd i gnoi 'nhafod. Ond meddylia amdanyn nhw'n hala rhyw frych fel'na i ricordo shwt ma' pobol yn siarad. Rhywun sy' ddim yn nabod 'yn hiaith ni. Pam hala rhyw geilog o gwcw dierth ffor' hyn?

(Tywyllu)

Golygfa 15

Ymhen awr . . . nos.

Annie: Ma'n ddrwg 'da fi am y sgitsie 'na.

Ifan: Twt. Gin i ddigon o ddewis nôl yn y gwesty.

Annie: Y'ch chi'n siŵr bo' chi'm wedi glwchu'ch tra'd?

Ifan: Yndw. Dwi'n gysurus iawn diolch yn fawr.

(Saib)

Gyda llaw, mi ddylwn i fod wedi deud cyn hyn, ond mi wnes i fwynhau'r cymun. Neu ella nad mwynhau mo'r gair . . . Ond mi oedd o'n un rhyfadd iawn, rhaid cyfadda.

Annie: So chi wedi ca'l cymundeb 'da menyw o'r bla'n.

Ifan: O yndw. Mae'r Hen Gorff wedi ildio i hynny.

(Saib)

Ond 'dach chi'm wedi'ch ordeinio.

Annie: Na'dw. 'Nath hynny ddim gwanieth gobeitho. 'Nes i'm llygru'r ddefod i chi, do fe?

Ifan: Llygru? Naddo siŵr.

Annie: Beth arall s'da fi i' 'neud? Sdim gobeth ca'l gweinidog, ond so drws y capel bach yn mynd i gau tra fydda i. A fydd dim Gwener y Groglith heb gymundeb, tra fydda i.

(Saib)

Y'ch chi siŵr o fo'n credu bo' fi'n od. Menyw sy'n mynnu gweinyddu cymundeb brynhawn Gwener y Groglith i fachan fel Arthur Y Felin. 'Se chi'm wedi dod, fydden i'm wedi ca'l rhannu'r bara a'r gwin 'da neb ond fe. Gweinyddu defod y cofio i rywun sy' 'di colli'i gof. Wen i'n falch iawn o'ch gweld chi.

Ifan: Digwydd cael drws agored.

Annie: Wedd Arthur yn moyn 'i gau e. A gweud y gwir, 'i gloi e.

Ifan: Pam?

Annie: I gadw Judas mas. 'Na beth wedodd e. A 'na pam wedd cuch 'dag e pan gerddoch chi miwn.

Ifan: Cuch?

Annie: Ie. Be' chi'n weud 'te? . . . Gwg?

Ifan: A! Cuch. Fel yn Abercuch neu Gwm Cuch!

Annie: 'Na chi.

Ifan: Rhyfadd i lecyn mor hyfryd gael enw mor drist.

Annie: Wel, â'r holl gwêd yn cwato'r houl, ma' hi'n ganol nos ganol dydd 'na'n amal. Ta beth, 'na pam wedd wyneb Arthur fel fforest pan gerddoch chi miwn. Wedd e'n credu bo' Judas wedi cyrra'dd!

Ifan: Digri, 'nte?

Annie: Trist weden i. Ma' colli'r cof yn golli'r cwbwl.

(Saib)

Y'ch chi'n mynd i fod yn yr ardal am sbel tro 'ma?

Ifan: Tan fydda i 'di gorffan be' sgin i i' 'neud. A deud y gwir, mi garwn i roi acenion y plant ar gof a chadw tro hwn. Ga i alw heibio'r ysgol eto?

Annie: Rhy hwyr. Fel y'ch chi'n gwbod, o gartrefi di-Gwmrâg ma'r rhan fwya, a wedyn ma'r hen acenion wedi marw.

Ifan: Na, nid marw, ond newid.

Annie: Nage. Tafodieth yn troi'n fratieth yw hi. Pethe fel 'Beth y'ch chi'n siarad am?' Wy'n whys drabŵd yn wmla'n erbyn honna bob dydd. Shwt ma' cadw purdeb iaith, sa i'n gwbod.

Ifan: Duwcs! 'Dach chi yn ddynas y Deg Gorchymyn, 'ntydach!

Annie: Fel 'na ces i 'nysgu. Siwrne torrwch chi un, y'ch chi mewn dansher o dorri'r gweddill.

Ifan: Ond ma' 'na rai gorchmynion pwysicach na'i gilydd, decini. Fan'na ddaru Moses fynd ar gyfeiliorn.

Annie: Shwt 'nny?

Ifan: Wel, mi oedd 'i flaenoriaetha fo'n rhyfadd, a deud y lleia. Gosod y gorchymyn i gadw'r Sabath yn uwch na 'Na ladd' er enghraifft. Be' haru o dwch?

Annie: Gosod y sylfaen. Dechre 'da chredu yn Nuw, a wedyn wedd popeth arall yn dilyn yn naturiol. Y cam nesa wedd creu tegwch cymdeithasol. Gwahardd i neb offod gweitho heb un dwarnod o orffws bob wthnos. Hyd yn o'd yr anifeilied. Meddyliwch bo' fe wedi bod mor radical â 'nna ymbytu orie gwaith . . . Maddeuwch i fi. Wy'n pregethu 'to.

Ifan: 'Dach chi wedi cymryd mantell 'ych gŵr, siŵr iawn.

Annie: Shwt wech chi'n gwbod 'nny?

Ifan: Be'?

Annie: Bo' Charlie'n arfer bod yn bregethwr cynorthwyol.

Ifan: Dwn i'm.

(Saib)

Ben ma'n rhaid.

(Saib)

Cymeriad.

Annie: Camgymeriad!

Ifan: Mi cafodd o hi gynnoch chi gynna heb flewyn ar dafod.

Annie: Torri ar 'yn traws ni wedd e, ontefe? Mynnu'r llwyfan i gyd. Wes 'da chi grydd yn Sain Ffagan?

Ifan: Nac oes.

Annie: Croeso i chi ga'l Ben! . . . Beth od na fydde crydd 'na 'fyd. Un o'r hen greffte, fel un Manawydan, 'slawer dy'. Hwnnw wy'n lico ore ohonyn nhw i gyd. Wedd tipyn o ruddin yn perthyn iddo fe. Gŵr bonheddig yn achub cam 'i whâr. Ond stori'r llygod yn y llafur ma'r hen blant yn lico! Fydda i'n . . . Ma'n ddrwg 'da fi. Wy'n 'ych diflasu chi.

Ifan: Nac 'dach siŵr! Ond dwi isio gweld Ben eto. Idiom hyfryd gynno fo. Rhaid i mi 'i gael o ar gof a chadw.

Annie: Fydd dim tâp ar ôl 'da chi i neb arall!

Ifan: O mi ofala i fod tâp ar 'ych cyfar chi. Dwi isio ricordio pregath gynhwysfawr ar y Deg Gorchymyn!

(Saib)

Be' arall sgynnon ni i' drafod? Lladrata . . .

Annie: Y'n ni newy' 'neud. Y llygod yn y llafur. Lladron bach wedd y rheini.

Ifan: A godineb . . .

Annie: Fe ddangosodd Manawydan shwt wedd trafod hwnnw. Byw 'da gwraig Pryderi am ddwy flynedd heb dwtsh â hi!

Ifan: Cigfa? Efo enw fel 'na, peryg 'i bod hi'n hen hwch hyll drybeilig.

(Annie yn anesmwytho'n sydyn ac yn symud oddi wrtho)

Ifan: 'Dach chi'n iawn?

Annie: Odw . . . Sdim argo'l o nudden heno.

Ifan: Dim hud ar Ddyfed? Piti. Ddaw'r Twrch Trwyth ddim heibio heno, 'lly.

(Enter Ceri)

Annie: Ble ti 'di bod?

Ceri: Am wâc.

Annie: A ninne.

Ifan: Do. Roedd hi'n braf gweld yr hen gastell.

Ceri: Y'ch chi'n disgwl i'r ywen stopo gwaedu nawrte, siŵr o fod.

Ifan: Pam?

Ceri: So chi 'di clywed y stori? Bydd hi'n peido â gwaedu

siwrne bydd rhyw frenin bach o Gymro'n dod i feddiannu'r castell. Wel, fel'na wedodd Dat hi wrtho i 'slawer dy'. Ond ma' 'da fi newyddion i chi. Ma' hi'n dala i waedu.

(Exit Ceri)

(Saib)

Annie: Wes teulu 'da chi?

Ifan: Oes.

Annie: Pam y'ch chi'n gweitho dros y Pasg? So chi'n cwmryd gwylie 'da'r teulu?

Ifan: Dwi'n cymryd gwylia ar fy mhen fy hun weithia . . . Ga i ddŵad i'r ysgol wsnos i'r Llun?

Annie: Cewch.

(Saib)

Cofiwch alw.

Ifan: Ma' hwnna'n orchymyn, 'lly.

Annie: Yr unfed ar ddeg.

(Rhannu gwenau. Yna, Ifan yn gweld Annie yn difrifoli)

Ifan: Be' sy'?

Annie: Dim.

(Saib)

Ifan: 'Dach chi'n credu y medrwn i gyrraedd crib Carn Ingli fancw?

Annie: Wrth gwrs 'nny.

Ifan: Oes 'na lwybr cymharol hawdd?

Annie: O gyfeiriad Bedd Morus ma'r un rhwydda.

Ifan: Bedd Morus . . . Pwy oedd hwnnw, sgwn i?

Annie: Lleidr defed. Ca'l 'i grogi, mae'n debyg. A ma' 'na garn fach 'na'n gofeb 'ddo fe.

Ifan: Gin 'i deulu?

Annie: Falle . . . neu'r gymdogeth gyfan yn teimlo bo' fe wedi ca'l cam . . . Druan â Morus, ta pwy wedd e . . .

Ifan: Ia . . .

(Saib)

(Annie yn anesmwytho wrth sylwi arno'n rhythu arni)

Annie: Be' sy'n bod?

Ifan: Dim . . .

Annie: Falle taw goffod dwgyd dafad wedd e . . . i gynnal 'i deulu. 'Na beth wy'n gweud wrth y plant ta beth.

Ifan: Tegwch cymdeithasol cyfraith Moses eto.

Annie: Yn gwmws!

(Saib)

Ifan: Be' am i chi 'nhywys i i ben Carn Ingli rywdro?

Annie: Dim yn y sgitsie 'na!

Ifan: Be' oedd gin 'rhen Brynach sgwn i? Sandala, debyg.

Annie: Ond wedd crugyn o angylion yn 'i garco fe.

Ifan: Oedd. A honna fasa 'mhroblem i. Tydw i'm yn credu mewn angylion.

Annie: Ond beth 'se chi'n gweld un?

Ifan: Mi fasa'n rhaid i mi ddiwygio fy niwinyddiaeth.

(Saib)

'Annie' fuoch chi erioed?

Annie: Ie. Pam?

Ifan: Enw annisgwyl . . . i angel.

(Saib)

Annie: Wela i chi.

Ifan: Diolch am y swpar. Naci, am y cymun!

Annie: Nos da.

Ifan: Nos dawch.

(Exit Annie)

(Tywyllu)

Golygfa 16

Ymhen munud.

(Ceri yn yfed o botel win. Enter Annie)

Ceri: Gymri di ddiferyn? Ond dim os wyt ti'n mynd i sarnu fe, fel 'nest ti ddo'. 'Na'r tro cynta i ti dowlu gwin i 'ngwyneb i. Pan o'n i'n groten fach, clatshen o'n i'n ga'l am fod yn ddrwg, ar 'y ngho's, neu ar 'y mhen-ôl.

(Saib)

Wy'n gweld bo' ti'n dala i' gwishgo hi.

Annie: Beth?

Ceri: Dy fodrwy. Unwaith, fe ges i glatshen 'da ti ar 'y moch, a fe dynnodd y fodrwy 'na wa'd. Ti'n cofio?

A'r cwbwl o'n i wedi 'neud o'dd 'neud beth wyt ti'n mynd i' 'neud nawr.

Annie: Beth?

Ceri: Mynd â sgitsie brwnt i'r llofft. Ddylet ti'm mynd â dy gagle i'r gwely.

(Saib)

Ie? . . . Wy 'di dy ddala di nawr, on'd odw i? Wyt ti'm yn siŵr beth i dynnu gynta – dy sgitsie neu dy fodrwy!

Annie: Wy'n moyn i ti fynd o'ma fory.

Ceri: Fory? Ond fory o'n i fod cyrra'dd. A ta beth, 'da Dat ma'r hawl i weud pwy sy'n ca'l mynd a dod fan hyn. Ar 'i enw fe ma'r tŷ, ontefe? Ti siŵr o fod yn difaru d'ened erbyn hyn.

Annie: Difaru! 'Na air dierth i ddod o d'ene di.

Ceri: Yf win, a bydd lawen Annie fach. 'Na'r cwbwl sy' ar ôl i fenwod dy genhedleth di.

Annie: Ife?

Ceri: A nghenedleth inne, a gweud y gwir. Yfwch blydi pawb o hwn!

Annie: Er cof am bwy, Ceri? Dy ffrind di? Dy gariad di? Honno laddest ti?

(Exit Annie i'r cyntedd heb gau'r drws . . .)

Ceri: Mair o'dd enw honno! Mair! Mair!

(Saib)

'Yf win, cei huno'n hir yn erw'r plwy,
Heb ffrind na phriod i'th ddiddanu mwy.'

(Ceri yn lluchio'r botel i'r cyntedd ac fe'i clywir yn torri'n deilchion)

(Tywyllu)

ACT 2

Golygfa 1

Ymhen pum wythnos . . . Yr oriau mân.

(Enter Ifan yn cario potel win wedi'i hagor, ac yn chwerthin yn ddrygionus wrth nesáu at y fainc. Enter Annie, yn gwisgo ffrog liwgar a fyddai'n fwy addas i ferch yn ei hugeiniau)

Annie: Hisht!

Ifan: Ty'd i ni gael seiat.

Annie: Na. Cer nawr.

Ifan: Ond mae gynnon ni win ar 'i hannar.

(Annie yn syllu ar y tŷ tywyll)

Ifan: Be' sy'?

(Annie yn troi i syllu arno)

Ifan: Be' sy'? A! Wn i! Pwy dw i, 'dach chi'n gofyn. Wel, mi ddeuda i. Ifan. Brawd Morus. 'Dach chi'n gybyddus ag o? Nid Morus y lleidr defaid, ond Morus y Gwynt!

Annie: Wyt ti 'di meddwi.

Ifan: A! Dyna destun trafod! Be' 'di meddwdod? Be' 'di meddwi, nid ar win ond ar rywun? Ty'd i'r seiat brofiad . . . Ty'd yma!

Annie: Cer nawr.

Ifan: Dwi'n iawn ar y fainc 'ma, diolch. O ba gapal y doth hi, dŵad? Un wedi mynd â'i ben iddo? Piti garw. Ond 'na fo, ma' hi 'di cael cartra da. Rhyfadd hefyd 'ych bod chi'n medru mentro'i gosod hi'n fa'ma. Ma' 'na ladron gwaeth na lladron defaid ym mherfeddion Dyfed, decini. Ond na ofidier, mi 'rosa i i warchod y fainc.

(Saib)

Os ei di i'r ciando rŵan, mi gana i o dan ffenast.

Annie: Paid bo'n ddwl.

Ifan: 'Pwy ydyw dy gariad lanc ifanc o Lŷn . . . '

Annie: Hisht!

Ifan: Ty'd. Cym' lymaid . . . Ty'd! Yf win!

(Ar ôl ysbaid Annie yn cymryd y botel ac yn cymryd llwnc, cyn ei hestyn nôl iddo)

Ifan: Be' ti'n ddeud?

Annie: Diolch.

Ifan: 'Na'r cyfan dwi'n gael? . . . Ty'd i eistedd fa'ma!

(Annie yn eistedd)

Ifan: 'Na welliant!

(Ifan yn ei thynnu ato. Y ddau'n cusanu. Annie yn ymryddhau)

Ifan: Be' sy'?

Annie: Fyddi di'n mynd nôl at dy wraig 'to dros y penwthnos. Wyt ti'n gweud y gwir na fyddi di'm yn cysgu 'da hi?

Ifan: Yndw.

Annie: A ma' hi'n gwbod na 'nei di byth 'to.

Ifan: Yndi.

Annie: A chi'n mynd i wahanu cyn bo' ti'n sôn amdana i.

Ifan: Ydan.

Annie: Sa i'n moyn bod yn gyfrifol am dorri dy briodas.

Ifan: Ar fy llw, fyddi di ddim.

(Saib)

Annie: 'Nei di fadde i fi? Sa i'n gwbod pam wy'n dala i godi amheuon o hyd. Y gwir plaen yw bo' fi wedi cyrra'dd y pwynt di-droi-nôl. Ma' pawb yn yr ardal 'ma'n siarad amdana i erbyn hyn. Annie fach sidêt wedi mynd ar gyfeiliorn. Mas tan yr orie mân yn tablenna. Pwy feddylie y bydde'r Welshus yn creu shwt sgandal? Tudalen bla'n y tabloids fydd hi!

Ifan: Be'? *Y Tyst* a'r *Goleuad*?

(Saib)

Oes gen ti fainc yn yr ardd gefn?

Annie: Pam?

Ifan: Preifatrwydd.

Annie: Na. Dim ond coeden fale.

Ifan: Ond ma' 'na le da i orwedd dani, debyg.

Annie: 'Mae yno afalau na wybu'r un seidir
Yn llys Cantre'r Gwaelod felysed eu sudd . . .'

Ifan: Waldo'n chwilio am 'i Afallon.

Annie: Wedd ofon mynd i Gwm Berllan arno fe.

(Saib)

Ond wy'n credu y mentra i.

(Annie yn ei gofleidio a'i gusanu)

Annie: Ar un amod. Bo' ti'n lladd 'yn ofon i. 'Nei di?

Ifan: Sut?

Annie: 'Y nysgu i i wherthin 'to. Sneb arall wedi galler 'neud ers blynydde. Ti yw 'nhiwtor wherthin i. Iawn?

Ifan: Iawn.

(Y ddau'n dechrau anwesu'i gilydd)

Annie: Wy'n moyn ca'l cwrs carlam 'da ti . . . Heno.

Ifan: Rŵan?

Annie: Nage. Heno. Yn yr orie mân y'n ni nawr.

Ifan: Nos Difiau Dyrchafael, 'lly.

Annie: Dysgu wherthin. Ca'l joio siwrne 'to cyn iddi fynd yn rhy ddweddar. Ma' 'da fi hawl, on' wes e? Hawl i ga'l 'yn siâr o'r dorth, os gwedon nhw. 'Nei di ladd 'yn ofne i i gyd?

(Y ddau'n cusanu. Annie yn gafael yn ei law ac yn ei rhoi ar ei bron)

Ifan: Difiau Dyrchafael . . . 'Beth sydd ymlaen fore o Fai ar y bronnydd?'

(Y byseddu a'r cusanu'n dwysáu)

Ifan: 'Beth sydd ymlaen . . . ?' Pam gebyst ddaru Saunders ddefnyddio idiom Saesneg, dŵad? 'Beth sydd ymlaen . . . ?' 'What's up? . . . What's on?'

Annie: Sa i'n gwbod, Syr. A sdim ots 'da fi!

Ifan: Dwyt ti'm yn gofidio am burdeb iaith bellach?

Annie: Ma' rhwbeth pwysicach ar 'y meddwl i.

Ifan: Beth sydd ymlaen fore o Fai ar y bronnau!

(Annie yn chwerthin)

Ifan: 'Na fo! Ma'r cwrs carlam wedi cychwyn.

Annie: Ody! . . . Ond wy'n mynd i ga'l pwl call nawr. Bant â ti. Fe ga i weddill y cwrs heno.

(Saib)

Wy'n addo. Fi fydd y fyfyrwreg ore fyddi di wedi'i cha'l ariôd.

Ifan: Ar un amod. Dy fod ti'n gneud dy waith cartra. Dyfalu pam ddaru Saunders ddefnyddio ymadrodd Saesneg.

Annie: Dim problem. Wedd y duw bach ddim yn anffaeledig. Ond weda' i gymint â hyn. Tro di mla'n ddou neu dri thudalen yn y gyfrol 'na, a fe weli di'r llinell ore yn yr iaith Gwmrâg . . . 'Am wragedd ni all neb wybod.'

Ifan: Mair Fadlen.

Annie: Ie! 'Na ti linell! Ti'n cytuno?

Ifan: Dwn i'm . . .

Annie: Beth? So 'nhiwtor i'n galler ateb? So 'nhiwtor i'n anffaeledig?

(Saib)

Fi fydd dy Fair Fadlen di heno. Nos da.

(Exit Annie. Ifan yn syllu ar y tŷ)

(Tywyllu)

Golygfa 2

Ymhen rhai wythnosau. Nos Wener, penwythnos y Sulgwyn.

(Enter Ceri yn cario parsel)

Ceri: Ody Mam gatre?

Charlie: Wes rhaid i ti ofyn?

(Saib)

Iddi hi ma' hwnna?

Ceri: Ie. Presant pen blwydd o'wrth Anti Ceridwen.

(Ceri yn paratoi sigaret)

Ceri: Wel? Licet ti ga'l gwbod shwt a'th hi rhynto i a d'annwyl whâr?

Charlie: Beth licen i wbod yw pam wedd hi'n moyn dy weld ti.

Ceri: Moyn dy drafod di o'dd hi.

(Saib)

Pryd welest ti hi ddwetha? Ryw bum mlynedd nôl, ontefe? Yng nghapel Nasareth. Cwrdd bore dy' Sul, cyn y Nadolig . . . tithe'n pregethu. Beth yn gwmws ddigwyddodd?

Charlie: Fe gest ti'r hanes 'da hi, glei.

Ceri: Dim byd o werth.

Charlie: Ond wedest ti bod dy fam wedi gweud y cwbwl 'thot ti.

Ceri: Licen i glywed dy ochor di . . . Pan o'n i'n groten fach yn gofyn i ti weud stori amser gwely, o't ti'n barod iawn. Un stori ar ôl y llall. A phan o'n i'n dy glywed di'n 'i gweud hi wedyn wrth y dosbarth i gyd, o'n i'n joio, achos bo' fi'n 'i gwbod hi o fla'n pawb arall. Ond heddi, fi yw'r ddwetha. Fi yw'r unig un sy' heb glywed y stori.

Charlie: Storïe celwydd gole wen i'n gweud 'thot ti.

Ceri: O'n i'n credu bo' nhw'n wir.

Charlie: Rhoces fach ddiniwed wet ti pry'nny.

Ceri: Wyt ti'n credu bo' pob rhoces fach yn ddiniwed? Fydd llawer o'r rheini'n ca'l pwl o genfigen. Jyst â marw isie ca'l gwared ar rywun sy'n drysu'u bywyde bach nhw. O'n i'n amal yn dod gatre o'r ysgol yn berwi o eiddigedd. Moyn dial ar ryw ast fach o'dd wedi neud niwed i fi. O'dd y rhocesi'n wâth o lawer na'r cryts.

Charlie: Pam ddiawl est ti 'da rhoces 'te? Achos bo' ti wedi mynd i Greenham, ife?

Ceri: Ti halodd fi 'na.

Charlie: Fi?

Ceri: Ie!

Charlie: Sawl gwaith sy' rhaid i fi weud? Moyn i ti fennu dy gwrs coleg gynta wen i.

Ceri: A gwadu popeth o'n i wedi'i glywed yn dy bregethe di? O't ti mor dâr i fi'u clywed nhw, o't ti'n mynnu bo' fi'n dod 'da ti. A beth o'n i'n glywed? Pregeth ar ôl pregeth yn erbyn y bom. A chlodfori heddychwyr dewr o'dd yn barod i ddiodde dros egwyddor. Mynd i'r jâl hyd yn o'd. O'n i isie bod yn un o'r rheini. 'Na pam es i i Greenham. Cerdded bob cam o Gardydd 'da'r mame a'r plant . . .

Charlie: Wedd rhai tade 'da nhw 'fyd.

Ceri: O'dd, ar y daith gerdded gynta. A o't tithe 'da finne, achos o'dd dy bregethe di 'da fi.

Charlie: Ond pam arosest ti 'na heb roi gwbod i ni?

Ceri: Achos na fyddet ti'm yn fodlon. Fydde'n well 'da ti gredu bo' fi'n saff yn 'y ngwely bach yn Neuadd Pantycelyn yn breuddwydo am y Gogynfeirdd.

Charlie: Ond gynted glywon ni, fe ddethon ni i dy weld di, on'd do fe?. A beth ges i pan ddes i â llwyth o bethe wen i wedi'i gasglu 'da ffrindie caredig o'r ardal 'ma? Menwod yn troi'u cewn arna i am bo' fi'n ddyn. Fel tase rhyw glefyd arna i.

Ceri: O'dd hi'n bwysig dangos bo' ni'n ddigon cryf i sefyll ar 'yn penne'n hunen. Bo' menwod yn gryfach na'r bom.

Charlie: Ches i'm gair o ddiolch.

Ceri: O, 'na dr'eni! Wedi i ti ddod bob cam â dy focsus bach carbord â'u llond o bice ar y mân a chacenne cwrens a bara 'one two', heb sôn am yr amlen o'dd yn diferu o arian, tithe heb ga'l un gair o ddiolch! Rhag 'u c'wilydd nhw!

Charlie: Wet ti'n un ohonyn nhw. Yn troi dy gewn ar dy dad fel tasen ni'm yn perthyn.

Ceri: 'Nes i'm mo 'nny.

Charlie: O do 'te. Ond 'na fe, wen i'm yn synnu damed ar ôl gweld shwt gwmni wedd 'da ti. Weles i'm shwt grugyn o racs yn 'y myw. Fe boerodd un ohonyn nhw yn 'y ngwyneb i a gweud 'Go home you woman killer!' Fi! . . . Ti wedd honno!

(Saib)

Golygfa 3

(Enter Ben ac exit heibio'r talcen)

Golygfa 4

(Enter Ben)

Ben: Jawl, y'ch chi wedi mynd i adel drws y cefen ar agor bois. Ddylech chi ddim. Sdim dal pwy sy' bytu'r lle dyddie hyn. A dim dim ond lladron cyffredin y'n nhw. Ma'n nhw'n barod i ladd am gwpwl o geinoge.

Charlie: Geuest ti fe?

Ben: Naddo fi.

Charlie: Beth wedd pwynt rhoi pregeth i ni 'te?

Ben: Jawl, pwy hawl s'da fi drafod 'ych drwse chi? Pawb i garco'i ddrws 'i hunan, glei.

Ceri: Geua i fe, achos fi adawodd e'n agored.

Ben: Ble fuest ti?

Ceri: Carn Ingli.

Ben: Ar dy ben dy hunan?

Ceri: Na. O'dd cwmni 'da fi.

Ben: Pwy?

Ceri: Lot fowr o ddefed.

(Exit Ceri. Ben yn chwibanu rhai nodau . . . sŵn drws y cefn yn cau . . . Ben yn codi'r parsel)

Ben: Wrth gwrs, ma' hi'n ben blwydd 'ma drenny'.

(Enter Ceri)

Ben: Dim ti Charlie sy' 'di'i brynu fe, ife?

Ceri: Ie.

Ben: O! Wy'n gweld. Ma' bach o faldod i fod wes e? Beth yw e?

Ceri: Sa i fod gweud.

Ben: Ie, itha reit. Pwy fusnes yw e i fi ta beth? Ble fuest ti? Abergweun? Wedd hi siŵr o fod dan 'i sang 'na heddi. Allen i'm godde mynd yn agos i'r lle. Ond sdim ots, ma' 'da fi rwbeth bach iddi 'fyd, a fuodd dim rhaid i fi fynd gam o gatre.

Ceri: Odych chi'n arfer rhoi presant i Mam 'te?

Ben: Nadw, ond ma'n nhw'n gweud bo' cyrra'dd yr hanner cant yn dipyn o bwl i fenyw. 'Na ma'n nhw'n weud ta beth.

Ceri: A shwt fydde ca'l presant 'da chi yn 'i helpu hi i ddod dros y pwl ofnadw 'ma?

Charlie: Ceri.

Ceri: Be' sy'n bod? Wyt ti'n credu 'run peth ag e? Wyt siŵr o fod. Whare teg i chi'ch dou am ddangos cymint o gydymdeimlad. Y'n ni fenwod yn 'i werthfawrogi fe'n fowr iawn. Beth nelen ni hebddoch chi, gwedwch?

(Exit Ceri i'r cyntedd a chau'r drws)

(Saib)

Ben: Alle hi fo'n wâth.

Charlie: Na alle 'te!

Ben: Bachgen bachgen paid â becso . . . Sach, ma' rhyw syniade od 'da'r menwod 'ma erbyn hyn. Fel wen i'n gweud wrth y Sgitsie Dala Adar 'na gynne . . .

Charlie: Ble welest ti fe?

Ben: Alwodd e i ricordo'r stori celwydd gole newy' s'da fi.

Charlie: So ti wedi gweld Annie rywle, wyt ti?

Ben: Nadw. Pam?

Charlie: Sdim ots . . . Wedd Merched y Wawr yn cwrdd neithwr?

Ben: Na wen. Echnos wen nhw'n cwrdd wthnos hyn. Rhyw fenyw'n rhoi hanes 'i thaith i Israel, a dim ond nos Fercher wedd yn gyfleus iddi. Pam ti'n gofyn?

Charlie: Sdim ots.

Ben: Wedd yr Ifan yn golygu mynd i'r ysgol prynhawn 'ma. Moyn i'r plant glywed 'yn stori i, mynte fe. Ma' fe'n yr ysgol 'na bob wip stitsh.

Charlie: Ffindo esgus i alw 'na wedd e.

Ben: Beth?

Charlie: Sdim ots.

(Saib)

Ben: Licet ti glywed 'yn stori i?

Charlie: Wes rhaid i fi?

Ben: Wedd yr Ifan yn 'i lico hi . . . Y bachan 'ma, Jo-bach, yn mynd i darmaco 'da'r gang fore dy' Mowrth, ond yn credu taw dy' Llun wedd hi. 'Beth ti'n siarad', mynte Benji Pen Parc, 'ma' hi'n ddy' Mowrth heddi bachan.' 'Na'dy 'te', mynte Jo-bach, 'a weda i beth arall 'thoch chi bois – ma' hi'n ddy' Sul fory.' Fe a'th hi'n de deg, a 'na ble wen nhw'n edrych ar 'i gily', a chwmryd rhyw gewc bob hyn a hyn ar Jo-bach. Fe fentrodd Benji godi pwnc. 'Wes ffair i fod drenny' 'te bois?' Fel ergyd o ddryll mynte Jo-bach, 'Pwy ffair? Echdwe wedd honno.' A 'na ddiwedd ar y pwnc 'nna, a ar unrhyw drafod trw'r dy'. Ta beth, i dorri stori hir yn fyr, mhen rhyw flwyddyn wedyn . . .

Charlie: Blwyddyn?

Ben: Ie, wy'n 'i thorri hi'n fyr nawr, t'wel'. Ryw flwyddyn wedyn, fe gath bois y tarmac dipyn o sioc pan ddath Jo-bach i'r gwaith yn gwishgo'i gap ysgol, â satsiel ar 'i gewn, â'i llond o bensilion. 'I strocen nesa wedd dod i darmaco miwn trowser byr, a llond 'i bocedi o farbls. Erbyn hyn wedd Benji Pen Parc wedi ca'l llond bola, a wedd dim amdani ond mynd ag e i weld doctor. A phry'nny y dyallon nhw beth wedd o le arno fe. Wedi bod yn grondo ar ryw bregethwr o America wedd e, a hwnnw wedi ca'l perswâd ar Jo-bach bo' rhaid 'ddo fe ga'l 'i aileni. A'r feddygynieth wedd galw'r Yank nôl i g'wiro'r damej ar 'i ened e. Ond fe a'th blwyddyn arall heibo . . .

(Charlie yn ochneidio)

Ben: Wedd rhaid i fi ga'l blwyddyn fan'na, achos ma' America'n lle jogel, a fe gwmrodd hi gymint â 'nny iddyn nhw ffindo'r Yank.

Charlie: Os ti'n gweud.

Ben: Reit. Erbyn 'nny, wedd Jo-bach yn sugno dymi, â chowyn am 'i dîn. A i neud pethe'n wâth, pan gyrhaeddodd yr Yank yn 'i Gadilac, 'mond cwpwl o eire wedd ar ôl 'dag e . . . 'Dat' a 'Mam' a 'Ge-gec'.

Charlie: Ge-gec?

Ben: Aros am bach. Gei di wbod whap. Yn sydyn, fe a'th Jo-bach i sterics. Moyn ca'l reid yn y Cadilac. A'th pethe'n weddol i ddechre, â Jo-bach yng nghôl Benji yn sêt y gwt, yn sugno'i botel lâth. Ond pan gyrhaeddon nhw Gwm Cuch, 'ma Jo-bach yn gweiddi 'Ge-gec! . . . Ge-gec! . . . Ge-gec!' Wedd Benji, fel tithe, ddim yn gwbod 'i ystyr e, a fe gredodd hwnnw taw 'Ji-bec' wedd e'n gweud. A 'ma Benji'n gweiddi ar yr Yank, fel 'se hwnnw'n geffyl cart, 'Go back! Go back!' Ond cyn bo' fe'n beco decllath, a'th tîn y Cadilac i'r gwter nes shiglo Jo-bach i'r gwaelodion. Yn ddisymwth, 'ma Benji'n clywed gwlybanieth yn twymo'i gôl. Wedd Jo-bach wedi ffaelu â dala. 'Mas o 'ma!' mynte Benji, ond a'th Benji'n gacwn wyllt pan ballodd yr Yank â'i helpu fe i newid y cowyn. Os do fe 'te, fe dowlodd Benji'r cowyn yn bwdin ar ffenest fla'n y Cadilac, cyn rhedeg o'na nerth 'i dra'd am Abercuch a'r dafarn agosa. Jengyd i grombil y goedwig 'nath Jo-bach. A fan'ny wedd e'n 'i gwrcwd dan goeden yn cwato, nes bo' grŵn y Cadilac yn cilo o'r cwm. Yn ddisymwth, 'ma Jo-bach yn llygadu'r goeden wedd e'n cwato dani, achos wedd hi'n siarad ag e! 'Dere 'rochor hyn', mynte hi. 'Dere!' A phan a'th Jo-bach tu cewn iddi, fe welodd fod y goeden yn gou. 'Dere miwn,' mynte hi. A heb feddwl ddwyweth, miwn a'th e, i groth y goeden. A phwy ti'n meddwl wedd 'na? Gwiwer. Yr un goch ddwetha'n Cwm Cuch. A wedd hi'n dyheu cymint am gwmni, nes bod hi'n fo'lon rhannu 'i chnou 'da Jo-bach. A fan'ny fuon nhw'n byw'n hapus 'da'i gily', yn talu rhent i'r goeden, a honno'n falch bod hi'n galler neud cymwynas â rhywun yn yr hen fyd cas 'ma. A byd cas wedd e 'fyd, achos wedd cymint o ryfelodd. Rhwnt y Falklands a'r Gwlff, heb sôn am yr wmla'n Iwerddon, wedd galw mowr am gwêd i neud eirch. Wedd y sâr 'na bob wip stitsh. A thros y ddwy flyne' nesa, fe gas cwêd Cwm Cuch 'u rheibo nes bo' dim un ar ôl ond y goeden gou. Ar yr un pryd, wedd Jo-bach yn mynd yn llai a llai, achos fe wireddwd beth wedd Mam yn 'i bregethu am fyta gormodedd o gnou. 'Os fyti di ragor o'r rheina', mynte hi, 'bydd dy du fiwn di'n 'i fyta'i hunan.' A 'na beth ddigwyddodd i Jo-bach. Pwy fwya o gnou fyte fe, lleia'n y byd ele fe! Yn wir, fe ddechreuodd y wiwer ddrychyd yn od arno fe, achos wedd hi'n rhannu'i chnou 'da rhywun wedd wedi mynd yn llai na hi! A phan ddigwyddith 'nny, ma' hi'n bryd i rywun ddechre meddwl am 'i ddyfodol. Ma' sens mewn cachu'n dene 'fyd.

Charlie: Gan bwyll nawr. Shwt na wedd y wiwer yn mynd yn llai 'fyd? Achos wedd honno'n byta mwy o gnou na Jo-bach, glei.

(Saib)

Ben: Bachgen bachgen! Be' sy'n bod arnot ti?

Charlie: Dere mla'n. Ateba 'nghwestiwn i.

Ben: Jawl, rho gyfle i fi 'te.

Charlie: Gad hi! Ma' twll ar diawl yn dy stori di.

Ben: Na wes!

Charlie: Dere â dy ateb, 'te.

Ben: Bachgen! Bachgen! – gwiwer wedd hi!

Charlie: Ie?

Ben: Wyt ti 'di anghofio bod gwiwer yn cysgu trw'r gaea heb fyta un gnouen . . . Ti'n fo'lon nawr? . . . Ble wen i? O ie, y wiwer yn styried 'i dyfodol, achos wedd Jo-bach yn mynd yn ddim. Yn wir, erbyn hyn, wedd e'n llai na phryfedyn. A wedd e'm yn gwmni i'r wiwer wedyn. Wedd dim 'da hi i neud ond codi'i chwt, a bownso bant i whilo am goeden a chymar arall. Ond pwy ddath nôl i Gwm Cuch ond y sâr. Wedd Benji Pen Parc wedi marw, a wedd isie arch arno fe. A heb unrhyw seremoni, 'ma gwmpo'r unig goeden wedd ar ôl. Ond chydig feddyliodd Benji y bydde Jo-bach yn 'i angla'. Sach bod y sâr wedi plamo a phlamo, wedd Jo-bach yn un â'r pren erbyn hyn. A fydde neb yn gwbod bo' fe 'na, oni bai i un beryr fynd i sterics yn y fynwent. 'Na ble wedd y ficer wrthi'n rhaffo adnode fel Jiwbili Young . . . 'Yn yr awr ni thybioch' . . . 'O! Ange, ble ma' dy golyn?'. . . yn sydyn, 'ma'r beryr 'ma'n gweiddi 'Wow!' a threial ca'l y lleill i gario Benji sha nôl! 'Na beth wedd cymanfa! Benji'n ca'l 'i hwpo nôl a mla'n fel 'se fe ar deid yn dod miwn a teid yn mynd mas. Fe a'th y sâr yn gacwn wyllt, a hala cymint o ofon ar y beryr bach nes bod hwnnw'n gwllwn 'i afel a rhedeg o 'na nerth 'i dra'd. Pan ffindwd e'n y dafarn wedyn, yn crynu fel deilen, pry'nny y dyallon nhw beth wedd yn bod. Wedi clywed llef ddistaw fain yn 'i glust wedd e – 'Ji-bec! Jibec! Ji-bec!'

(Ben yn chwerthin ac yn troi at Charlie . . .)

Ben: Beth ti'n feddwl o honna . . . ?

(Ben yn gweld Charlie yn cysgu)

Ben: Bachgen! Bachgen! 'Na wast ar wedel.

(Tywyllu)

Golygfa 5

Ymhen dwyawr.

Charlie: Faint o'r gloch yw hi?

Ceri: Deng munud ar ôl i ti ofyn ddwetha.

Charlie: Ble yffach ma' hi heno 'to?

Ceri: Pam na cha i stori Nasareth 'da ti? . . . Wedodd Anti Ceridwen bo' ti wedi sbwylo'r Nadolig iddi am byth. A wedi dwyn gwarth ar y teulu . . . A finne'n credu taw dim ond fi o'dd wedi neud 'nny.

(Saib)

Charlie: Wedd Nasareth ddim yn bod.

Ceri: Beth?

Charlie: 'Na beth sbwylodd y Nadolig i d'Anti Ceridwen. 'Na'r peth cynta wedes i'r bore 'nny. Adeg geni Iesu Grist, wedd Nasareth ddim yn bod.

Ceri: Pwy sy'n gweud 'nny?

Charlie: Haneswyr. So Josephus, hanesydd mwya'r cyfnod, yn enwi Nasareth yn un o'i lyfre. A so hi'n ca'l 'i henwi siwrne yn yr Hen Destament. Wedyn, 'na ddiwedd ar stori Joseff a Mair a'r asyn yn trafeili pentigili o Nasareth i Fethlehem. A'r stori am Iesu Grist wedyn yn ca'l 'i erlid o'r synagog at ymyl y dibyn.

Ceri: Ie? . . . A 'na'r cwbwl wedest ti?

Charlie: Nage. Es i mla'n i sôn am anonestrwydd gweinidogion, yn camarwen 'u cynulleidfaodd. Neb yn ddigon dewr i ddatgelu'r gwir am y Beibl. Achos dim un llyfr yw hwnnw ond llyfrgell. Ma' 'na hanes yn'do fe, wrth gwrs, ond ma' 'na chwedle 'fyd, a barddonieth. Wedyn ma' ffwndamentalieth y llythrenolwr yn neud cam â'r Beibl. Storïe'r bugeilied a'r doethion, chwedle y'n nhw. 'Nes i ddyfynnu soned Waldo . . .

'Mor ddierth, coeliaf i, fuasai i Fair
A Joseff ein hanesion disglair ni
Am gôr angylion ac am seren, am dair
Anrheg y doethion dan ei phelydr hi.
Ni bu ond geni dyn bach . . . '

Fues i jyst â llefen wrth 'i gweud hi, achos ti'n gwbod beth wedd ar 'y meddwl i drw'r amser? Cofio am dy fam a finne eiliade d'eni di. Roies i gwtsh i ti pan ges i ti'n barsel bach stegetsh yn 'y nghôl. A wen i mor falch o dy fam wrth d'estyn di nôl iddi. Eiliade pur o berthyn wedd rheini . . . 'Nes i'm sôn am 'nny yng nghapel Nasareth . . . Ond wedd dy fam, yn ishte'n anniddig 'da'n whâr o mla'n i, yn gwbod yn gwmws beth wedd yn 'y nghorddi i.

Ceri: Ers pryd o'dd Nasareth ddim yn bod i ti?

Charlie: Blynydde. Pymtheg . . . ugen.

Ceri: Ond dim ond ryw bum mlyne' nôl o't ti'n fodlon gweud 'nny mewn pregeth.

Charlie: Ie. Wen i cyn'rwg â'r pregethwyr erill.

Ceri: Dere nawr. Ryw bum mlynedd nôl fe beidest ti ddod i 'ngweld i. Ma' 'nghysgod i ar y bregeth 'na. Fi whalodd dy Nasareth di. A whalu dy Dduw di. Rhag 'i g'wilydd e am roi rhywun fel fi, yn barsel bach stegetsh yn dy gôl di! 'Ych-a-fi!' meddet ti, 'lesbiad . . . a llofrudd!'

(Saib)

Dod nôl i adfer perthynas â ti o'n i wedi gobeitho neud. Credu y gallen ni'n dou glywed yr un glaw yn pitran-patran ar hyd y to. Ond so ni dan yr un to. A fyddwn ni byth. Wyt ti wedi 'nghloi i mas. Ma' hi'n bwrw glaw. A wy'n stegetsh.

(Exit Ceri i'r cyntedd)

(Tywyllu)

Golygfa 6

Ymhen rhai eiliadau. Gwyll.

Annie: Wyt ti'n ddywedwst.

(Saib)

Dere 'ma . . . So ti'n becso am gynne wyt ti? Ma'r pethe 'ma'n digwydd. A arna i wedd y bai, siŵr o fod. Rhaid i ti gofio bo' fi'm yn gyfarwydd â rhannu gwely 'da neb ers amser . . . Ond 'na fe, ma'r un peth yn wir amdanot tithe . . . On'd yw e?

Ifan: Ydi . . . Gwranda. Mi fydda i'n disgwyl amdanat ti nos fory am naw.

Annie: Iawn! Y'n ni wedi cytuno ar 'nny . . . Tr'eni na allen ni ddod at 'yn gily'n gynharach.

Ifan: Ond dwi 'di deud na fedra i'm bod yn y gwesty cyn naw o'r gloch. Rhaid i mi fynd i ddeud wrth 'y ngwraig, 'ntoes.

Annie: Iawn!

Ifan: Ac mi wyt ti'n mynd i ddeud wrthyn nhw heno.

Annie: Odw!

(Saib)

Ma' rhwbeth yn dy fecso di, on' wes e? So ti'n dechre ca'l amheuon, wyt ti?

Ifan: Nac'dw siŵr!

Annie: Be' sy'n bod 'te? Wyt ti'n ofni bo' finne'n dechre ame? Os wyt ti, dere miwn 'da fi nawr, i 'nghlywed i'n gweud 'thyn nhw.

Ifan: Na, dwi'n dy gredu di.

(Saib)

Annie: Ma' 'mhen blwydd i drenny'. Fe gewn ni ddathlu. Ti a fi. Cymundeb i ddou. Cymundeb rhwng dou! . . . Ti 'di prynu presant i fi? . . . Sori. Ddylen i ddim bod mor eger . . . Ond os odw i'n dy nabod di, alla i gredu bo' ti wedi paratoi rhyw syrpreis bach i fi.

(Saib)

Wel? Wyt ti?

Ifan: Yndw.

Annie: Ti'n 'y ngharu i on' wyt ti . . . Ifan y Glaw?

Ifan: Yndw.

Annie: Pentigili? Ti 'di dwlu ar y gair 'na, on' wyt ti? Gair pwysica'n cymundeb ni, ontefe?

(Saib)

Ti'n meddwl bo' fi'n cablu? Ond 'na fe, dim Annie fach sidêt odw i ragor. Ti 'di dihuno rhwbeth yn'do i, na wen i'm yn breuddwydo bo' fe 'na . . . Ti'n cofio ishte fan hyn noswyl y Pasg? 'Nest ti'm rhagweld pry'nny y bydde hyn yn digwydd, do fe?

Ifan: Do.

Annie: Wir?

Ifan: Wir yr!

Annie: A finne'n credu taw dim ond fi wedd wedi teimlo . . . shwt alla i weud? . . . Ifan y Glaw'n 'y ngolchi i'n lân! Yn golchi'r hen we cor wedd wedi'i rwymo amdana i mor dynn.

(Saib)

Pam 'nest ti'm cyfadde cyn heno 'te?

Ifan: Be'?

Annie: Bo' tithe wedi teimlo'r un peth pan ethon ni'n dou i'r bwdlac 'da'n gily'.

(Saib)

Sa i byth wedi glanhau'r sgitsie 'na.

Ifan: Pam?

Annie: I ti ga'l 'u rhoi nhw'n Sain Ffagan er cof am y nosweth! Ma' hi'n bwysig bod y genedl yn gwbod amdanon ni, on'd yw hi? . . . Iawn 'te. Ma' hi'n bryd i'r Welshus ga'l gwbod nawr . . . Ti'n siŵr nag wyt ti'n moyn dod miwn 'da fi?

Ifan: Yndw.

Annie: Ti'n iawn. Fi sy'n goffod neud hyn ar 'y mhen 'yn hunan.

Ifan: Ti'n cofio'r trefniada rŵan.

Annie: Wrth gwrs bo fi! 'Na beth sy'n dy fecso di, ife? Bo' fi'n mynd i gawlo'r cwbwl? Paid â becso nawr! Drefna i dacsi'n gynnar fory. A fydda i 'da ti am naw nos fory. Nos da, 'nghariad i . . .

(Annie yn ei gusanu. Yna'n syllu'n ddifrifol arno am eiliad)

Ifan: Be' sy'?

Annie: Sa i'n gwbod.

Ifan: Wela i di . . . nos fory.

Annie: Nos da.

(Exit Annie heibio'r talcen. Ifan yn syllu ar ei hôl am eiliad. Exit Ifan)

(Tywyllu)

Golygfa 7

Ymhen rhai eiliadau.

(Enter Annie)

Charlie: Ble ti 'di bod?

Annie: Weda i 'thot ti nawr.

(Annie yn codi'r parsel ac yn dechrau ei agor)

Charlie: 'Nei di wir! Celwydd newydd arall ar ben y pump wyt ti wedi'u gweud yn barod wthnos hyn. Wen i'm yn credu y gallet ti fod mor greadigol. Ma' hi'n datblygu'n un o'r storïe celwydd gole gore ariôd. Wy 'di clywed pŵer yn ddweddar. Ond bydd d'un di'n rhagori arnyn nhw i gyd . . . 'Na syniad! Beth 'sen i'n cynnal cystadleueth storïe celwydd gole?

Annie: Fydde dim raid i ti weud dy stori dithe, achos wyt ti 'di'i byw hi ers blynydde.

Charlie: A beth yw dy gelwydd di heno 'te? A chyn bo' ti'n 'i weud e, dim neithwr wedd Merched y Wawr yn cwrdd, ond echnos. Tr'eni bo' ti 'di colli hanes y daith i Israel 'fyd.

Annie: Sdim ots. A' i 'na'n hunan ryw ddwarnod.

Charlie: Gwrdda i â ti ar lan Yr Iorddonen 'te.

(Enter Ceri o'r cyntedd)

Ceri: Dy' Sul y dylet ti agor hwnna.

Annie: Fydda' i'm 'ma pry'nny.

Charlie: Na fydd wrth gwrs. Ma'r Gymanfa yn Nasareth.

(Annie wedi dadorchuddio'r llun, sef un ohoni hi yn magu Ceri yn flwydd oed . . .)

Ceri: Weles i'm mo hwnna o'r bla'n.

Annie: Fe 'nes i . . . neu lun tebyg 'ddo fe. A 'nest ti 'fyd, Charlie.

(Annie yn dangos y llun i Charlie)

(Saib)

Charlie: A 'na'i gêm hi, ife? Clefyr iawn Ceridwen.

Ceri: Am beth ti'n sôn?

Charlie: Llun ohonon ni'n tri wedd e. Tithe yng nghôl dy fam. A finne'n sefyll tu cewn i chi. Ond erbyn hyn, sa i 'na . . . Ble licet ti'i hongian e, Annie? Am 'y ngwddwg i? 'Se nghewn i'n iawn fe allen i gerdded lan a lawr y feidir, i'r pentre'n grwn ga'l gweld bo' fi wedi ca'l 'yn sychu o'r llun.

(Saib)

Ond pam nelen i ffwdanu? Achos ma' nhw'n gwbod y cwbwl yn barod.

Annie: Na 'dyn. Dim y cwbwl. Na tithe. Ma' 'da fi rwbeth i' weud 'thoch chi'ch dou.

(Saib)

Wy'n mynd o 'ma fory. Wy'n d'adel di, Charlie.

(Saib)

Charlie: Wyt ti wedi 'ngadel i ers blynydde . . . A well i ti, Ceri, fynd nôl â'r llun at d'Anti Ceridwen iddi ga'l sychu dy fam ohono fe 'fyd. Fe fyddi di ar dy ben dy hunan wedyn, achos 'na beth wyt ti'n moyn, ontefe? . . . A 'set ti, Annie, ond yn gweld, 'na beth fydde ore i tithe, yn lle cwrso rhyw grwt sy' heb ddod mas o'i gowyn. Wy'n gweud 'thot ti nawr, cachu ar dy ben di 'neith e!

(Exit Charlie i'r cyntedd a chau'r drws)

Ceri: Ti mynd 'te.

Annie: Odw.

Ceri: Wy'n mynd o 'ma fory 'fyd. Dy' Llun o'n i 'di meddwl. Dranno'th dy ben blwydd di.

Annie: Pam wet ti'n golygu aros ar gyfer hwnnw? Wet ti'n disgwl parti?

Ceri: Fues i'n meddwl trefnu un.

Annie: Beth?

Ceri: Dim i ti, ond i honna. Y fenyw hapus sy'n y llun 'na. Licen i fod wedi ca'l dod i' nabod hi. Ond fe ddiflannodd i'r nudden cyn bo' fi'n ddigon aeddfed i wbod beth o'dd nabod.

(Saib)

Annie: Wy'n 'i garu fe, ti'n gwbod.

Ceri: Gares inne rywun unwaith. A hithe finne . . . Ond yn sydyn, o'dd hi'n moyn bod yn fam. A allen i'm godde 'nny. A godde o'dd hithe. Aberthu'i hunan i'r ysfa.

Bod yn ddim ond llestr. 'Se hi 'mond wedi trafod . . . wedi cyfadde, falle y bydden i wedi dyall. Ond ma' hi'n rhy hwyr nawr . . . Rhy hwyr i fadde . . . A'r eironi mowr yw bo' fi wedi'i chlywed hi 'i hunan yn gweud 'na droeon . . . Rhy hwyr i fadde . . .

Annie: I bwy? Madde i bwy?

Ceri: I Morus . . . 'I brawd hi. Weles i mo'no fe ariôd. A o'dd hithe ddim isie'i weld e, achos o'dd e wedi'i diarddel hi am 'i bod hi'n lesbiad. Fe dreiodd e'i ore glas i ga'l 'i mam i' diarddel hi 'fyd. A sach bo' fe wedi llwyddo am sbel, fe ddath pethe'n well rhwng y ddwy. Ond fe dorrodd 'i hiechyd hi. Colli'i chof. A 'na ddiwedd ar nabod wedyn. 'Ma' hi'n rhy hwyr i fadde i Morus', medde hi . . . A 'ma fi nawr yn goffod gweud y geire 'na'n hunan. Rhy hwyr i fadde i Mair . . . Ma'r drws ynghlo. Wy wedi ca'l 'y nghloi'n y jâl 'na am byth.

Annie: Wedest ti gelwy' pwy ddwarnod 'te, achos wet ti'n honni pry'nny bo' ti'n fenyw rydd.

Ceri: Wedes i gelwy' arall 'fyd. Am fis ar ôl dod mas o'r jâl, o'n i yn byw 'da rhywun. Ond dim ond ffrindie o'n i. Rhannu'r un dorth a'r un botel win. Ond lan llofft, dwy stafell wely. Pharodd hi'm yn hir. Gath hi afel ar rywun o'dd yn fo'lon rhannu'i chorff â hi. A o'n i ar 'y mhen 'yn hunan unwaith 'to . . . yn Land's End. Dim ond craig o'dd 'na. Craig . . . a môr. Hales i orie'n edrych arno fe. Ton ar ôl ton ar ôl ton, fel 'se fe'n gweud 'Dere,dere,dere! Wyt ti wedi ca'l byw! Chei di ddim mwy! Dere!' 'Na!' medden i, 'ma' 'na un peth wy heb ga'l 'to!' A fe ddes i nôl. Ond dim ond craig sy' fan hyn 'fyd. A môr. Ddringes i Garn Ingli pwy ddwarnod, a 'na ble o'dd e . . . yr un hen fôr yn siarad yr un hen iaith . . . yn gweiddi 'Dere-dere-dere! So ti'n mynd i ga'l 'u nabod nhw,' medde fe. 'Dere-dere-dere!' Ond ildes i'm iddo fe . . . Gormod o ofon arna i . . . O'dd Dat yn iawn. Bod ar 'y mhen 'yn hunan yw'r unig ddewis s'da fi. Fe newida i'n enw i Craig. A fe geith y môr 'yn amgylchynu i. Rhoi terfyn ar berthyn am byth. Hwnnw sy'n neud dolur. Perthyn. Hwnnw sy'n gwaedu. A all craig ddim gwaedu . . . Ddyle craig ddim llefen . . .

(Tywyllu)

(Sain: Chwibanu tôn 'Y Mochyn Du')

Golygfa 8

Nos drannoeth.

(Ben, â chot law amdano, yn eistedd wrth y ford ac yn ymuno â'r sain wrth chwibanu am ysbaid . . . Mae ganddo barsel ar y ford . . .)

Ben: Alle hi fo'n wâth . . . Jawl, ma' hi'n glos heno, on'd yw hi? Ddaw hi'n darane, glei . . . Ond ma' isie rhwbeth i glirio'r awyr, neu eith hi'n Sulgwyn diflas.

(Saib)

Jawl, beth sy'n bod? Ma' hi fel ishte'n fynwent 'ma . . . Falle na'dy hi 'fyd, achos ma'r cerrig bedde'n siarad â dyn fan'ny, myn diawl i! . . . 'Mond dod â'r presant 'ma i Annie wen i. Gobeitho bydd hi'n 'u lico nhw. Ca'l gafel ar bishyn o leder sbâr nes i. Fyddan nhw'n handi iddi bytu'r tŷ , gobeitho . . .

(Enter Ceri o'r cyntedd, â'i chot amdani, yn cario'i gwarfag, i eistedd wrth y ford i'w glymu)

Ben: Jawl, ble ti'n mynd? Dim ymhell gobeitho, achos ma' hi'n mynd i fod yn storom whap. Fyddi di'n stegetsh.

Charlie: Ben! Gad hi er mwyn Duw! . . . Ti'n gadel, wyt ti?

Ceri: Odw.

Ben: Bydd hi'n dywyll whap, achos ma' hi'n tynnu am naw. A so hi'n saff i fenyw fod mas fan'na ar 'i phen 'i hunan. Glywest ti am y fenyw 'na lawr yn Arberth? Jawl, wedd . . .

Ceri: Sa i'n mynd i Arberth.

Ben: Wedes i'm bo' ti.

Charlie: Pryd ti'n dod nôl?

Ceri: Wedes i bo' fi?

(Enter Annie, yn cario siwtces, gan sefyll wrth y ford i roi trefn ar ei bag llaw)

Ben: A ble wyt ti'n mynd? Jawl, ma' hi fel stesion Abergweun 'ma, glei!

Charlie: Cer â'r cloc 'da ti Annie, achos yn Sain Ffagan ma' 'i le fe. A'r llestri a'r botel win, i chi ga'l 'ych cymundeb.

(Ben yn chwibanu)

Charlie: A 'sdim isie'r cyfeiliant 'na arna i Ben.

(Cloch drws y ffrynt)

Ben: Jawl! Halodd honna ofon arna i. Sa i 'di clywed cloch drws y ffrynt 'ma ers blynydde!

(Exit Ceri i'r cyntedd gan gau'r drws ar ei hôl. Ben yn rhoi parsel i Annie)

Ben: Hwre, Annie. A man a man i fi weud pen blwydd hapus . . .

Annie: Pam wy'n ca'l un leni?

(Mellt, a tharan agos . . .)

Ben: Jawl! Wedd honna'n un glos, glei!

(Enter Ifan, â chot law hir ddu amdano)

(Saib)

Annie: Be' wyt ti'n neud 'ma? Ma'r tacsi ar 'i ffordd.

Ifan: Fyddi di'm isio un rŵan.

(Ifan yn croesi'n herfeiddiol i eistedd yng nghadair Annie. Charlie yn rhythu arno o'i gadair)

Annie: Beth? Ody dy gar 'da ti?

Ifan: Nac 'di.

Annie: Sa i'n dyall . . .

(Enter Ceri gan sefyll y tu cefn i Charlie)

Ifan: Mi ddalltwch chi rŵan. Dwi'm 'di sôn 'thoch chi am Mam, naddo? Hi ydi'r unig un sgin i . . . bellach. Stori celwydd gola oedd sôn am wraig a phlant. Felly, yr unig briodas sy' 'di'i thorri yma heno ydi'ch un chi, Mrs. Welsh. Ond gadewch i mi sôn am Mam. Mi gwela i hi fory, fath â phob Sul arall ers blynyddoedd, ar ôl rhoi bloda ar fedd fy chwaer. Wnaiff Mam ddim dallt druan, oherwydd tydi hi'm gwell na chabatshan, ond mi ddeuda i stori Manawydan wrthi eto, amdano'n achub cam 'i chwaer . . .

(Ifan yn sefyll ac yn edrych i fyw llygaid Ceri)

Ifan: A dyna'n union be' dw i wedi'i wneud. Achub cam Mair.

(Saib)

Ceri: Morus . . . ?

Ifan: Ia! Nid y glaw ond y gwynt! Celwydd gola arall, Mrs. Welsh. Deng mlynadd dw i 'di aros am y foment hon. Deng mlynadd hir i mi. Pitw deng mlynadd i chi . . . Tasa Mair wedi lladd hon, sut fasach chi'n teimlo heno? 'I lladd hi â chyllell fara yn ugian oed . . . Fasach chi, Annie Welsh, yn medru madda? Fasach chi'n medru caru'ch gelyn? 'Cerwch eich gelynion' medda'r Bregath ar y Mynydd. 'Clywsoch ddywedyd, Llygad am lygad, a dant am ddant. Eithr yr ydwyf fi yn dywedyd wrthych chi, Cerwch eich gelynion.' A dyna wnes i. Bod yn llythrenolwr am unwaith. Credu yn 'Câr dy elyn' air am air. Ond fedrwn i'm denu'r lesbiad i'r gwely. Toedd hi wedi lladd fy chwaer am iddi feiddio'i baeddu'i hun efo dyn? Efo mochyn. Ond mi oedd y fam yn aeddfed . . .

(Ifan wedi symud y tu cefn i Annie, ac yn sydyn, yn cyffwrdd â hi yn drahaus . . .)

Ifan: Yn fodlon cael 'i baeddu fel pob hen hwch. Ac er i mi gasáu pob eiliad wrth orfod ymdrybaeddu yn 'i henaint budr . . .

(Charlie yn ceisio codi o'i gadair, ond Ceri yn ei rwystro . . .)

Ifan: . . . mi wnes i hynny er mwyn Mair. Gneud iawn am 'i marw hi.

Ceri: Mas!

Ifan: Dwi'n mynd . . . *(wrth Annie)* Mwynhewch weddill 'ych henaint.

(Exit Ifan i'r cyntedd . . . sŵn drws y ffrynt yn cau'n glep)

(Saib)

Ben: Weden i bod hi'n bryd mynd trw'r drain.

(Exit Ben)

(Saib hir)

(Sain: Cerddoriaeth yn graddol gynyddu yn ystod gweddill y digwydd)

(Enter Ben i sefyll wrth y fainc. Ceri yn arwain Annie yn dirion at ei chadair ac yna'n dod â thri gwydryn a photel frandi o'r cwpwrdd. Charlie, yn syllu ar Annie yn gwmanog yn ei chadair, ac yna ar barsel anrheg Ben. Ceri yn ei wylio yn codi ac yn agor y parsel – pâr o lopanau lledr – ac ar ôl petruso am eiliad, a chan fod yn ofalus o'i gefn, yn gosod y llopanau wrth draed Annie cyn dychwelyd i'w gadair . . . Annie yn ddiymateb . . . mellt a tharan, ymhellach y tro hwn . . .)

Ben: Ma'r storom yn cilo, glei. Falle neith hi Sulgwyn gweddol wedi'r cwbwl.

(Y gerddoriaeth yn dwysáu . . .)

(Ceri yn arllwys tri brandi ac yn mynd â gwydryn i Annie, ac yn gorfod ei osod yn ofalus yn ei llaw. Yna, Ceri yn rhoi gwydryn i Charlie, ac yntau'n ei dderbyn ag awgrym o wên werthfawrogol. Ceri yn gafael yn y trydydd gwydryn ac yn yfed diferyn, ac yntau Charlie hefyd. Ond hithau Annie gwmanog yn ddiymateb)

(Y gerddoriaeth yn cyrraedd uchafbwynt cyn diffodd)

Ben: Bachgen! Bachgen! Ma'r hen Garn Ingli'n frenin heno.

(Tywyllu)

Y DIWEDD

Dramâu eraill T. James Jones

Gwasg Carreg Gwalch:
Dramâu'r Dewin ('Wil Angladde' a 'Gair i Gall'), 1982
Pan Rwyga'r Llen, 1985
Nadolig fel Hynny, 1988
Herod, 1991
Pwy Bia'r Gân? (ar y cyd â Manon Rhys), 1991

Gwasg John Penry:
Hollti Blew (Trosiad o *A Resounding Tinkle*, N.F. Simpson), 1966

Gwasg Gomer:
Dan y Wenallt (Trosiad o *Under Milk Wood*, Dylan Thomas), 1968

Cyhoeddiadau Barddas:
Nest (Rhan o gyfrol *O Barc Nest*), 1997